Detlef Träbert

Mehr Freude am Lernen!

So motivieren Sie Ihr Kind

Sachbuch

Bibliografische Information der Deutschen Nationalbibliothek
Die Deutsche Bibliothek verzeichnet diese Publikation in der
Deutschen Nationalbibliografie; detaillierte bibliografische Daten
sind im Internet über http://dnb.ddb.de abrufbar.

www.medu-verlag.de

Detlef Träbert
Mehr Freude am Lernen!
So motivieren Sie Ihr Kind
Sachbuch
© 2016 MEDU Verlag
Dreieich bei Frankfurt/M.
Covermotiv: Halfpoint/Fotolia.de
Umschlaggestaltung: im Verlag

Printed in EU

ISBN 978-3-944948-73-7

INHALT

VORWORT

Das Thema „schulische Leistungsmotivation" beschäftigt mich schon seit meiner eigenen Schulzeit. Meine persönliche Null-Bock-Phase während der Pubertät habe ich noch gut in Erinnerung: das Hin- und Hergerissensein zwischen dem Wunsch nach Abhängen jetzt und dem Lernen für ein unklares Später.

Nachzudenken begann ich über Motivation allerdings erst, als ich im Rahmen von Praktika während des Lehramtsstudiums selber erste Unterrichtsstunden zu halten hatte. Sie sollten stets mit einem motivierenden Impuls beginnen. Als ich dann Klassenlehrer war, merkte ich bald, dass es nicht in erster Linie an meinen Motivationskunststücken lag, ob Stunden erfolgreich verliefen oder nicht. Solche Impulse können nämlich nur dann wirken, wenn die Bereitschaft, sich anzustrengen, grundsätzlich bei den Schülern vorhanden ist.

Als Lehrer und Beratungslehrer erlebte ich ungezählte Kinder und Jugendliche mit besonderen pädagogischen Bedürfnissen. Ihnen verdanke ich einen großen Schatz an Erfahrungen mit Lernwiderständen und deren Überwindung. Ich erfuhr auch, dass die Institution Schule mit ihren Systembedingungen großen Anteil an der weithin beklagten Null-Bock-Haltung von Schülern hat.

Schule ist in mancherlei Hinsicht ein Motivationskiller. Das ständige Beachten von Fehlern erzeugt eine negative Grundeinstellung zum Lernen. Die Zensuren ängstigen allzu oft; Angst ist zu einem heimlichen Strukturmerkmal der deutschen Schule geworden. Schüler erleben heutzutage so viel Stress, dass ihre psychosomatische Belastung besorgniserregend hoch geworden ist.

Besonders im Rahmen meines ehrenamtlichen Engagements in der Aktion Humane Schule e.V. lernte ich allerdings auch Schulen und Lehrer kennen, die offensichtlich wissen, wie man die Kräfte von Kindern und Jugendlichen wecken und stärken kann. Nur dem Engagement zahlreicher großartiger Pädagogen ist es zu verdanken, dass die meisten Schüler trotz allem gerne in die Schule gehen und überwiegend motiviert lernen.

In der Welt der Pädagogik sind leider nur geringe motivationspsychologische Kenntnisse vorhanden. So wird Motivation vor allem als Ausdruck des Willens zur Anstrengung missverstanden. Die so genannte Null-Bock-Haltung hat jedoch weitaus komplexere Ursachen. Manchmal können Kinder nicht wollen, was sie sollen.

Als ich 1996 den Schuldienst verließ und eine lerntherapeutische Praxis eröffnete, bekam ich weitere Gelegenheiten, praktische Erfahrungen mit der Stärkung von Leistungsmotiv und Leistungsmotivation zu sammeln. Es ist ein besonderes Privileg für Lehrkräfte und Therapeuten, dass sie von den Menschen, mit denen sie arbeiten, unendlich viel lernen können.

Mit der vorliegenden Neuausgabe meines Motivations-Ratgebers (früherer Titel: „Null Bock auf Lernen?") habe ich den Inhalt leicht überarbeitet und an die gesellschaftlichen Veränderungen der letzten Jahre angepasst. Mit „Mehr Freude am Lernen! – So motivieren Sie Ihr Kind" möchte ich meine Erfahrungen an Eltern wie auch Lehrerinnen und Lehrer weitergeben, die häufig händeringend nach praktischen Anregungen für die Stärkung der Anstrengungsbereitschaft von Schülern suchen. Für deren Bedarf ist dieses Buch geschrieben. Es erhebt nicht den Anspruch eines wissenschaftlichen Fachbuchs, wohl aber den, wissenschaftlich begründet zu sein.

Eine erhellende Lektüre wünscht Ihnen

Ihr Detlef Träbert

1. NULL BOCK?

Die „Jugend von heute" galt wohl zu allen Zeiten als die schlimmste Generation, die es je gab – und auch wir gehörten einmal dazu. Kinder und Jugendliche sind eben nicht Erwachsene, sondern haben ihre eigene Art, die Welt zu sehen.

Es blühte einst das Studium,
heut kehrt es sich ins Bummeln um.
Die Wissenschaft galt einst als Ziel,
doch obenauf ist nun das Spiel.
Die Tugend schlug ins Laster um
und Arbeit ins Faulenzertum,
kurz, alles, was geziemend heißt,
ist heut vom rechten Weg entgleist.

(Aus den Carmina Burana)

Die Klage scheint höchst aktuell, nur die Sprache dieser Verse klingt altertümlich. Sie sind älter als die 50er Jahre des 20. Jahrhunderts, älter als „Max und Moritz" von Wilhelm Busch, den so mancher Besucher meiner Vorträge als Urheber dahinter vermutet, und älter als Martin Luther. Sie stammen aus den hochmittelalterlichen „Carmina Burana", den „Liedern aus Benediktbeuern", die überwiegend im 11./12. Jahrhundert entstanden sind. Doch nicht erst damals klagten Erwachsene über Unmoral und fehlende Anstrengungsbereitschaft der Jugendlichen. „Wenn ich die junge Generation anschaue, verzweifle ich an der Zukunft der Zivilisation", gab Aristoteles im 4. Jahrhundert v. Chr. zu Protokoll. Viele kluge Denker fürchteten zu ihrer Zeit, ob vor 5.000 Jahren oder heute, dass der vermeintliche Sittenverfall der Jugend ein Zeichen für das nahende Ende der Kultur sei.

Im Jugendalter entwickelt sich Identität, die einzigartige Persönlichkeitsstruktur eines Menschen, und zwar sowohl aufgrund der Sicht der anderen (Fremdbild) als auch aus der zunehmend realistischen Selbstsicht. Je mehr ein junger Mensch sich des Fremd- wie auch des Selbstbildes seiner Persönlichkeit bewusst ist, desto weiter ist seine Identitätsbildung gediehen – und als desto erwachsener gilt er.

Man kann diesen Prozess der Identitätsbildung als ein Puzzle verstehen, das sich jeder selbst zusammensetzt. Die einzelnen Teile stammen von den Menschen unserer unmittelbaren Umgebung, vor allem also von den Eltern, aus der Clique, von Lehrern usw. Doch Jugendliche kopieren nicht einfach nur Verhaltensweisen anderer Menschen, sondern sie provozieren sie auch und testen, wie das Gegenteil des erwarteten Verhaltens auf andere wirkt.

Ein Vater, politisch links orientiert, erlebte einmal mit seinem halbwüchsigen Sohn Folgendes: Die Familie saß beim Abendessen zusammen und diskutierte wie so oft über Politik. Der Sohn vertrat dabei Thesen der CDU, was er noch nie zuvor getan hatte. Der Vater war entsetzt – was hatte er in der Erziehung bloß falsch gemacht? Doch ein paar Tage später begriff er, dass das Verhalten seines Sohnes nichts anderes gewesen war als Arbeit an seiner Identität. Er bekam nämlich zufällig mit, wie der Junge mit Freunden über Politik diskutierte und dabei des Vaters linke Thesen verteidigte ...

Fehlende Anstrengungsbereitschaft tritt aber nicht nur als Abgrenzungsverhalten in der Pubertät auf, sondern ist auch schon im Grundschulalter zu beobachten. Dann hat sie naturgemäß andere Gründe, und es ist keineswegs gesagt, dass ein „fauler" Grundschüler später als pubertäres Abgrenzungsverhalten Fleiß an den Tag legt. Überhaupt ist fehlende Motivation kein Vorrecht von Kindern und Jugendlichen, sondern bei Erwachsenen ebenfalls zu beobachten.

Es ist doch überaus normal, nicht immer motiviert zu sein. Oder gehen Sie jeden Tag mit gleicher Freude zur Arbeit? Sind Sie für alle Hausarbeiten motiviert? Bereitet Ihnen die Aussicht auf die nächste Steuererklärung große Vorfreude?

Wir sollten angesichts von Schülerinnen und Schülern mit geringer oder gar fehlender Motivation weder in Kulturpessimismus verfallen noch in Zukunftsängste.
„Was soll nur aus dir werden?" Auf diese sorgenvolle Frage gibt es nur eine Antwort: „Ein Erwachsener, so wie du einer geworden bist." Und so sollten wir eher Konfuzius folgen, der vor rund 2.500 Jahren mahnte: „Achte die Jugend, du weißt nicht, wie sie sich entwickeln wird."

Dennoch ist es sinnvoll, dass wir uns Gedanken darüber machen, wie wir die Leistungsmotivation von Kindern und Jugendlichen in Bezug auf Schule und Lernen verbessern können. Viele unnötige Lernwiderstände bauen wir selber für sie auf, beispielsweise wenn wir

➤ das alte Vorurteil, Mädchen seien nun einmal einfach nicht so stark in Mathematik und Naturwissenschaften, unwidersprochen lassen;

➤ Notenangst und Leistungsdruck schüren, anstatt die natürliche Freude am Lernfortschritt zu verstärken; oder

➤ ständig auf Fehler und das Unperfekte hinweisen anstatt auf das Richtige.

Wir handeln als Eltern oder als Lehrer – ich habe beide Rollen gespielt – in bester Absicht, können dabei jedoch noch viel mehr tun, als den Aufbau hinderlicher Lernwiderstände zu vermeiden. Wir können auch verbesserte Rahmenbedingungen für das Lernen gestalten, das Motiv der Anstrengungsbereitschaft stärken und die Freude am Tun fördern. Das Buch stellt ab S. 13 zunächst dar, was Leistungsmotivation eigentlich ist, was hinter den Problemen mit ihr stecken kann und wie wir Erwachsenen sie gar nicht selten mit unseren Haltungen und Einstellungen behindern. Im darauf folgenden ausführlicheren Praxisteil (ab S. 43) finden Sie zahlreiche praktische Tipps zur Stärkung von Motiv und Motivation. Darüber hinaus stelle ich Argumentationshilfen gegen „null Bock" vor, mache die Vorbildrolle von Lehrkräften deutlich und gebe Ihnen zudem einiges an Handwerkzeug mit. Abschließend hinterfrage ich die Leistungsmotivation in Bezug auf die heute herrschenden Werte.

Ich erlebe täglich, wie schwierig es für Eltern und Lehrer gleichermaßen ist, mit „null Bock" bei Kindern und Jugendlichen umzugehen. Der Zeitgeist suggeriert uns, dass alles einfach sein müsste und sämtliche Probleme auf Knopfdruck oder im Handumdrehen gelöst werden könnten. Man fühlt sich wie in einer Instant-Gesellschaft: ein Löffelchen Pulver, heißes Wasser drauf, umrühren – fertig ist der Lebensgenuss. Putzmittel reinigen die Wohnung wie von selbst, das Essen kocht sich quasi von alleine, und bei beruflichem Stress lassen uns die entsprechenden Medikamente fröhlich und optimistisch aussehen. Viele Elternratgeber vermitteln außerdem den Eindruck, dass es mit ein paar Tipps und Tricks jedem möglich sei, nicht nur richtig, sondern sogar perfekt zu erziehen.

Wer diesen Leitbildern der Werbung nicht entspricht, muss wohl etwas falsch machen. Deswegen geben wir öffentlich eher nicht zu, wenn wir ein Problem haben. Das können wir beispielsweise auf Elternabenden immer wieder erleben. Doch gerade die Erwachsenen, die sich im Erziehungsalltag Mühe geben, leiden meiner Erfahrung nach besonders stark unter einem ständig schlechten Gewissen. Wer mit Kindern lebt und arbeitet, kann aber Fehler nicht vermeiden. Starke Eltern und Lehrer sind also nicht perfekt, sondern sind bereit, ihr Erziehungsverhalten immer wieder zu überdenken und bewusst zu handeln, gemäß dem Motto: „Nichts ist schwieriger, als im Umgang mit Kindern stets oder auch nur überwiegend das Richtige zu tun. Nichts ist aber auch wichtiger, als es zu versuchen" (Daniel Goeudevert).

„Mehr Bock" ist überwiegend das Resultat unserer annehmenden und ermutigenden Haltung gegenüber den Kindern und Jugendlichen. Rezepte, Tipps und Tricks sind deshalb nur im Rahmen dieser Haltung sinnvoll; das Buch gibt Anregungen für beides.

Motiv des Nürnberger Trichters auf einer Werbemarke um 1910

2. SCHULISCHE LEISTUNGSMOTIVATION

Dieses Buch hätte nicht geschrieben werden müssen, wenn es den „Nürnberger Trichter" tatsächlich gäbe. Mit diesem wundersamen Gerät könnte man den Menschen das Wissen der Welt ganz einfach „eintrichtern".

> *Erst dumm und blöde,*
> *jetzt klug wie Goethe,*
> *das hat vollbracht*
> *des Trichters Macht.*

Tja, „Nürnberger Trichter" aufsetzen, Wissen hineinschütten – und schon hätte man den Stoff „intus". Wäre das nicht wundervoll? Niemand müsste sich mehr anstrengen, um etwas zu lernen.

2.1. Was ist Leistungsmotivation?

Heute gilt es als positiv, sich anzustrengen. Leistungsmotivation ist so wichtig für die Produktivität eines Unternehmens, dass Manager in teuren Seminaren Methoden einer motivierenden Mitarbeiterführung lernen. Auch in der Schule soll Leistungsmotivation für gute Lernergebnisse sorgen, und wenn sie fehlt, sorgen sich die Eltern.

Daniel hat keine Lust

„Daniel, komm jetzt, wir müssen die Hausaufgaben machen!" Fast täglich ruft Frau M. so nach ihrem Sohn. Nach dem Mittagessen gönnt sie ihm eine längere Pause zum Verdauen, Ausruhen und Spielen, aber gegen halb drei, findet sie, sollte der Junge seine Hausaufgaben machen. Daniel ist jetzt im zweiten Schuljahr; in einer halben Stunde wäre alles zu schaffen, wenn er nicht so trödeln würde. „Daniel!" Frau M. ruft energischer. „Wenn wir jetzt nicht anfangen, kommst du nicht mehr zum Spielen! Du wolltest dich doch noch mit deinen Freunden treffen, oder nicht?" Mürrisch trottet das Kind herbei. Die Lustlosigkeit schaut ihm aus allen Knopflöchern. „Wir könnten doch auch nach dem Spielen noch Hausis machen", versucht Daniel zaghaft seine Mutter zu überzeugen, wohl wissend, was die antworten wird. „Nichts da!", sagt Frau M. entschieden. „Danach bist du müde und unkonzentriert, da geht bei dir gar nichts mehr. Komm schon. Wenn du jetzt voranmachst, bist du in einer halben Stunde fertig!"

Doch das ist ein frommer Wunsch, und eigentlich weiß Frau M. das auch aus Erfahrung. Daniels Trödeln und Mutters „Ziehen und Zerren" führen regelmäßig ins Tal der Tränen. Am Ende sind zwei bis drei Stunden vergangen, und das Ergebnis im Heft sieht so traurig aus, wie die Stimmung der beiden ist.

 Der Begriff Motivation stammt aus dem Lateinischen: motivum bedeutet Beweggrund oder Antrieb. In der Alltagssprache der Schule wird häufig auch von Anstrengungsbereitschaft gesprochen.
Die Leistungsmotivation ist ein Persönlichkeitsmerkmal, das Kinder in ihrer soziokulturellen Umwelt, im Normalfall also vor allem in der Familie, erlernen. Die Grundlagen dafür werden schon in frühester Kindheit gelegt, und zwar in Form von Prägungen durch zentrale Bezugs-

personen, weshalb diese Eigenschaft relativ stabil ist. Sie drückt sich in aktivierenden oder hemmenden Einstellungen und Verhaltensweisen aus.

Sie lässt sich beschreiben als eine „allgemeine und relativ überdauernde Tendenz, als wesentlich bewertete Aufgaben mit Energie und Ausdauer bis zum erfolgreichen Abschluss zu bearbeiten" (FRÖHLICH/DREVER 1983, S. 216).

Im Vorschulalter spricht man noch gar nicht von Leistungsmotivation, obgleich alle Kinder in diesem Alter enorm viel leisten. Sie können laufen und sprechen, sie erlernen Spiele, Mal- und Basteltechniken, sie erwerben körperliche Geschicklichkeit und soziales Einfühlungsvermögen. Manche wachsen zweisprachig auf, was prinzipiell jedes Kind könnte, und ungefähr fünf Prozent lernen schon vor dem Schuleintritt zu lesen, ohne dass es ihnen jemand systematisch beigebracht hätte. Nie wieder in seinem Leben lernt ein Mensch so viel innerhalb von sechs Jahren wie in der Zeit vor der Schule – eine tolle Leistung!

Streng genommen bedeutet „Leistung" das Ergebnis einer Arbeit im Vergleich mit den Ergebnissen anderer. Das Wort leitet sich nämlich vom Schusterleisten ab, über den der Handwerker die Schuhe bei der Herstellung oder beim Reparieren stülpt. „Man kann doch nicht alle über einen Leisten schlagen" bedeutet zunächst, dass Schuhe wegen ihrer unterschiedlichen Größe auch den passenden Leisten brauchen. Im übertragenen Sinne meint die Redensart, dass man nicht alle Menschen mit dem gleichen Maßstab messen kann.

Die Leistungsmotivation eines Kindes kann man also erst dann beobachten, wenn Eltern, Kindergarten oder Schule Anforderungen stellen, die auch für andere gelten. Dann zeigt sich in der konkreten Situation, in der ein Kind sich individuell mit solchen *normativen* Leistungsanforderungen auseinandersetzt, ob es mit Hoffnung auf Erfolg („**Erfolgszuversicht**") oder mit Furcht vor Misserfolg („**Misserfolgsängstlichkeit**") reagiert. Je nach dieser (positiven oder negativen) Erwartungshaltung an sich selbst ist es zur Leistungserbringung mehr, weniger oder gar nicht motiviert.

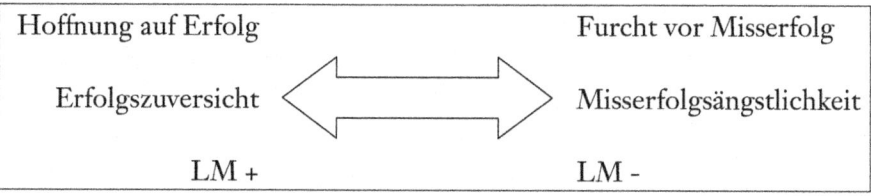

Abb. 2.1: Das Spektrum der Ausprägung von Leistungsmotivation erstreckt sich zwischen den beiden Extrempolen von Erfolgszuversicht (LM+) und Misserfolgsängstlichkeit (LM-).

Wie kommt es aber zu einer positiven oder negativen Erwartungshaltung? Das ist in starkem Maße vom Erziehungsstil und den Erziehungspraktiken in der Familie abhängig. Günstig auf die Entwicklung der Leistungsmotivation wirkt sich eine Erziehung aus, bei der sich Kinder vom ersten Lebensjahr an als Verursacher ihres Verhaltens erleben.

Die Erfahrung und das Glücksgefühl, etwas aus eigener Anstrengung heraus erreicht zu haben, stärken die Hoffnung auf weitere Erfolge. Solche Erfahrungen machen schon Babys, etwa beim Greifen und Bewegen. Kinder, denen ihre Eltern bereits früh selbstständiges Verhalten und eigene altersangemessene Entscheidungen zumuten, sind später eher zur Leistung motiviert als zu stark behütete Kinder. Loben und Ermutigen fördern zusätzlich die Erfolgszuversicht und damit die Bereitschaft, sich für ein Ziel anzustrengen. Bei Schülern mit unterentwickelter Leistungsmotivation fällt dem Anfangsunterricht eine wichtige ausgleichende Aufgabe zu. Pädagogische Konzepte, bei denen alle Schüler eine Chance bekommen, durch sach- und problembezogene Aufgabenstellungen (z. B. im Projektunterricht) das eigene Können zu erfahren, fördern die intrinsische Motivation (Lernen um der Sache willen) ebenso wie individualisierende Unterrichtsformen, die ein Lernen im eigenen Tempo mit unterschiedlichen Materialien erlauben (z. B. Freie Arbeit oder Stationenlernen). Leistungskonkurrenz, Notendruck und Misserfolgserlebnisse hemmen dagegen die Misserfolgsängstlichen zusätzlich. Darum sind die zensurenfreien Jahrgänge in der Grundschule besonders wichtig für die Entwicklung der schulischen Leistungsmotivation.

2.2. Leistungsmotivation und Schulerfolg

Ob ein Schüler erfolgreich ist oder nicht, hängt von zahlreichen Faktoren ab. Fraglos ist ohne ein gewisses Maß an Intelligenz die Lernfähigkeit sehr begrenzt. Allerdings reicht das nicht; die geistigen PS im Kopf müssen auch auf die Straße gebracht werden. So sind zahlreiche Fälle hochbegabter Kinder und Jugendlicher dokumentiert, die in der Schule weit unter ihren Möglichkeiten blieben oder sie sogar ohne Abschluss verlassen mussten. Um dem Faktor Intelligenz zur Wirksamkeit zu verhelfen, sind deswegen seine so genannten Stützfaktoren erforderlich (vgl. Abb. 2.2).

Abb. 2.2: Die Bedingungsfaktoren (= Intelligenz plus Stützfaktoren) des Schulerfolgs

Ist schon die Intelligenz nur zum Teil eine Sache der ererb-ten Veranlagung, so sind die Stützfaktoren noch weit mehr von Umweltanregungen abhängig. Ihre Ausprägung hängt überwiegend von den Umfeldfaktoren Familie, soziales Umfeld und Schule ab.

Alle genannten Stützfaktoren stehen miteinander in einer netzartigen Beziehung; sie sind wechselseitig voneinander abhängig.

Selbstwertgefühl entsteht durch eigene Erfahrungen von Selbstständigkeit, durch körperliche Aktivität und Fitness (Gesundheit, Konstitution), und es wird durch Reaktionen der Bezugspersonen verstärkt oder gehemmt. Fehlt diese Basis, traut man sich auch nichts zu; dann fällt beispielsweise die Entwicklung von Selbstständigkeit, Interessen und Konzentration äußerst schwer.

Frustrationstoleranz und Selbstwertgefühl hängen eng miteinander zusammen. Ein Kind, das bei jeder kleinen Schwierigkeit seine Anstrengungen einstellt und sein Mäppchen wütend in die Ecke wirft, hat kein positives Selbstkonzept, es traut sich daher leistungsmäßig eher wenig zu und verhält sich misserfolgsängstlich.

Auf dem Spielplatz: Ein etwa dreijähriger Junge wollte auf ein Klettergerüst klettern, dessen Sprossen allerdings zu große Abstände für ihn aufwiesen. Der Kleine zeigte jedoch so unmissverständlich, hinauf zu wollen, dass seine Mama ihn schließlich schnappte und in die obersten Sprossen hängte. Dort klammerte er sich fest und strahlte, während seine Mama in die Hände klatschte und ausrief: „Sieh nur, wie schön du schon klettern kannst!"

Damit hatte sie verhindert, dass der Kleine eine Frustration erleben „durfte" und ihm zu einem (vermeintlichen!) Erfolgserlebnis verholfen, das er sich aber nicht aufgrund eigener Anstrengung verschafft hatte. Frustrationstoleranz kann nur entwickeln, wer Frustrationen erlebt und sich mit ihnen auseinandersetzt.

Sich einer Aufgabe zuwenden zu wollen, ist wesentliche Bedingung für **Konzentration**. Sich konzentrieren zu können hängt von physiologischen Bedingungen ab: Blutdruck, Sauerstoffversorgung und genügend Wasser in den grauen Zellen sind maßgebliche Voraussetzungen für ein gut funktionierendes Zentralnervensystem. Hier spielen Konstitution, Ausdauer (Fitness) und Gesundheit eine wichtige Rolle. Konzentration und Motivation stehen also in einer engen Wechselbeziehung zueinander.

 Nur wer will, was er soll, kann sich gut konzentrieren. Nur wer sich gut konzentriert, kann Erfolg erzielen – und nichts motiviert mehr als dieser!

Lerntechniken unterstützen gleichfalls erfolgreiches Arbeiten. Sie dienen in Form von bestimmten Methoden dazu, ökonomisch und effizient zu lernen. Wer clever lernt, braucht nicht zu pauken.

2.3. Gründe für niedrige Leistungsmotivation

Wenn ein Schüler erfolgreich lernt, hat das immer mit einer guten Leistungsmotivation zu tun. Nicht immer jedoch ist „null Bock" die Ursache, wenn die Noten schlecht ausfallen. Aber je länger man Misserfolge einfährt, desto wahrscheinlicher wird ein Nachlassen der Motivation, denn Misserfolg entmutigt und raubt uns die Erfolgszuversicht.

Stundenplan

	Montag	Dienstag	Mittwoch	Donnerstag	Freitag
7^{45}	Inf	E	Phy	E	Sport
8^{35}	D	Bk	Bio	Ma	Sport
9^{25}	D	Ma	Bio	G	D
10^{30}	WL	Ek	Te	Gk	Mu
11^{20}	Ma	D	Te	Reli	Ma
12^{10}	E	Sw	Te	D	Reli
12^{55}	AUS	AUS	AUS	AUS	AUS

Abb. 2.3: Stundenplan eines Siebtklässlers, Hauptschule (1994)

Dieser Stundenplan zeigt uns deutlich, wie froh der Junge über jeden überstandenen Schultag war. Da findet sich keine Spur von Erfolgszuversicht. Das tägliche „Aus" ist Ausdruck einer psychophysischen Überlastung. Eine lange Misserfolgsgeschichte wirkt entmutigend, weil sie die Erfahrung vermittelt: „Ich kann mich anstrengen, soviel ich will, es wird ja doch nichts." Aber es können noch etliche andere Gründe eine Rolle spielen:

➤ Gedanken wie „Ich bin nicht okay, so wie ich bin", „Andere können alles viel besser als ich", „Ich kann es nie recht machen" drücken ein **geringes Selbstwertgefühl** aus. Es entsteht leicht, wenn bereits das kleine Baby in seinem Umfeld Ablehnung spürt, aber auch später, wenn ein Kind ständig mit anderen verglichen wird – besonders folgenschwer in der Konstellation des älteren Bruders, dessen jüngere Schwester in der Schule erfolgreicher abschneidet. „Schau dir mal an, wie schön deine kleine Schwester schreibt. Nimm dir da mal ein Beispiel dran!" Solche Erfahrungen sind tödlich für die Motivation.

➤ Auch der ständige **Vergleich mit einem Sollzustand** in der Entwicklung wirkt motivationshemmend, besonders wenn er als Überforderung auftritt. Manchmal nämlich gilt die Laufbahn eines Kindes schon als ausgemacht, bevor es seine eigenen Vorstellungen und Interessen formulieren kann. „Du willst doch auch aufs Gymnasium", hört beispielsweise der Anwaltssohn, der später einmal die Kanzlei des Vaters übernehmen soll, schon in der Grundschule. So wird ein Kind ständig angetrieben, ist nie gut genug und entwickelt keine Erfolgszuversicht.

➤ **Unselbstständigkeit** beginnt oft schon im Vorschulalter mit übertrieben hoch dosierten Förderangeboten. Daneben führt die Ungeduld beim Anziehen oder Aufräumen leicht zu übermäßigen Hilfestellungen. „Wer einem Kind die Lösung eines Problems sagt, betrügt es um seine eigenen

22

Erfahrungen", schrieb der Entwicklungspsychologe Jean Piaget. Nur über eigene Erfahrungen lernt eine Kind seine Fähigkeiten und Möglichkeiten, aber auch seine Begrenztheiten kennen. Das ist die Voraussetzung für ein realistisches Selbstbild und ein gesundes Selbstbewusstsein.

➤ Nicht nur der erziehungsbedingte Mangel an elterlichen Zumutungen und eigenen Erfahrungen behindert Selbstbewusstsein und Motivation, sondern auch permanente **Unterforderung**. Manche Kinder sind begabter als ihre Altersgenossen, etwa ein bis zwei Prozent gelten gar als hochbegabt. Sie lernen oft schon vor Schuleintritt lesen und beschäftigen sich mit Themen und Fragen, die eher älteren Kindern entsprechen. Werden sie deswegen jedoch in ihrem Lerneifer gebremst, verlieren sie irgendwann die Anstrengungsbereitschaft. Manche nehmen sich auch zurück, um Freunde nicht zu verlieren oder nicht ausgegrenzt zu werden.

➤ Ausgrenzung und **Mobbing** haben in unseren Schulen stark zugenommen. Mobbing ist systematisches Drangsalieren von großer Häufigkeit (= mindestens wöchentlich) und über lange Zeiträume hinweg. Wer darunter zu leiden hat, wird auf Dauer seelisch krank. Motivationsverlust ist ein Symptom auf einer frühen Stufe in dieser Entwicklung.

➤ Nicht jeder Konflikt ist Mobbing, aber häufige **persönliche Konflikte** vor allem mit Eltern und/oder Lehrern stören natürlich die Motivation. Konflikte mit Personen im Nahbereich treten vor allem in der Pubertät häufig auf, weil sie zur Identitätsentwicklung gehören und dafür sogar notwendig sind (vgl. S. 8). Konflikte binden Energien und stören die Konzentration auf Sachfragen, denn Beziehungsfragen haben für Menschen immer Vorrang. Wer sein Bedürfnis nach Liebe und Angenommensein als erfüllt empfindet, ist auch leistungsmotiviert.

➤ Aber schon in der Grundschule hört man gelegentlich einen Satz wie: „Frau L. kann mich nicht leiden." Ob es stimmt oder nicht, wenn ein Kind **Antipathie** empfindet oder selber die Lehrerin nicht leiden kann, strengt es sich weniger an. Das ist übrigens auch bei Erwachsenen so; die Motivation im Beruf ist zu einem guten Teil vom Verhältnis zum Chef abhängig.

➤ **Angst in der Schule** ist meist Angst vor schlechten Leistungen, vor Noten, vor dem Versagen, vor spottenden oder strafenden Reaktionen. Wenn Angst zu stark wird, lähmt sie das Denken: „Angst macht dumm", sagt der Volksmund zu Recht. Angst stört die Konzentration, weil sich damit verbundene Emotionen und Gedanken ständig in den Vordergrund schieben. Angst kann sich aber auch auf die Chancen beziehen, die sich ein Schüler für das Leben nach der Schule ausrechnet. Besonders Jugendliche auf Haupt- und Sonderschulen sehen oftmals keine Zukunftsperspektive für sich. Wer oft zu hören bekommt, dass er ohne Abitur sowieso nichts Vernünftiges werden könne, wird möglicherweise sogar die Chance auf einen mittleren Abschluss nicht als motivierend empfinden.

➤ Und schließlich sei noch die **mangelhafte Fitness** als ein Grund für schlechte Leistungsmotivation genannt. Bei einem Kongress 2013 in Dallas/Texas wurde festgestellt, dass die Ausdauerleistung von deutschen Kindern beim Dauerlauf seit 1975 in jedem Jahrzehnt um rund sechs Prozent abgenommen hat. Da aber ein gesunder Geist in einem gesunden Körper wohnt, wirkt sich die nachlassende körperliche Tüchtigkeit auch auf das Lernen und die Anstrengungsbereitschaft aus. Wer sich körperlich nicht wohlfühlt, bringt kaum Motivation fürs Lernen auf.

2.4. Leistungsmotivation entwickeln

Selbst wenn Leistungsmotivation durch Prägungsvorgänge in der frühen Kindheit relativ stabil ist und Sie in obiger Liste von möglichen Gründen für „null Bock" einige zutreffende gefunden haben sollten, so ist dieses Persönlichkeitsmerkmal doch nicht unveränderlich.

> Es gibt immer und in jedem Alter die berechtigte Hoffnung auf Verbesserungen, wenn Schülerinnen oder Schüler „null Bock" auf Schule, Hausaufgaben und Lernpflichten haben.

Aber weder treten Verbesserungen von alleine ein, denn Leistungsmotivationsstörungen geben sich nicht einfach so, noch kann allein guter Unterricht ohne die aktive Mitarbeit der Eltern Motivationsdefizite ausgleichen. Manchmal allerdings bewirken zufällige Einflüsse eine Motivationssteigerung, doch verlassen kann man sich darauf nicht. Schließlich bedeuten sie gelegentlich auch eine Beeinträchtigung wie im folgenden Fall:

Lisa hat bislang in Mathematik immer ordentliche Leistungen erbracht. Ihr neuer Lehrer in Klasse 7 ist jedoch davon überzeugt, dass Mädchen in Mathe nicht gut sein können. Entsprechend entmutigend äußert er sich bei mündlichen Beiträgen oder Bemühungen an der Tafel, die nicht auf Anhieb perfekt sind. Seither fühlt sich Lisa „wie gelähmt", sagt sie. Sie arbeitet kaum noch in Mathe mit, strengt sich bei den Hausaufgaben nicht an und kann sich kaum dazu überwinden, für eine Klassenarbeit zu lernen.

Bei Nele war es umgekehrt. Ihr Französischlehrer in Klasse 9 sagte: „Du wirst das Abi in Französisch niemals schaffen!" Daraufhin ent-

wickelte sie eine Trotzreaktion, wechselte die Schule und schaffte das Abitur – mit Französisch, ohne sitzen zu bleiben.

Timo war in den ersten beiden Grundschulklassen immer gerne in die Schule gegangen. Die Lehrerin hatte mit seiner lebhaften und chaotischen Art gut umgehen können, obwohl er als AD(H)S-Kind anstrengend ist. Doch die neue Lehrerin im dritten Schuljahr mahnt, tadelt und straft ihn ständig, weil er häufig ihre Regeln verletzt. Nun möchte er am liebsten nicht mehr in die Schule gehen.

Julia ist überzeugt, dass ihr Geschichte „nicht liegt“. Seit sie dieses Fach hat, kämpft sie ständig gegen die „Fünf“, meistens mit wenig Erfolg. Sie kann sich die Jahreszahlen, Orte und Ereignisse einfach nicht merken, die zu pauken sind. Doch in Klasse 9 ändert sich das ganz plötzlich, weil ihre neue Geschichtslehrerin sie zu begeistern versteht. Seit einem Projekt, „Modenschau im Mittelalter“, ist sie in kürzester Zeit zu einer richtigen Expertin für diese Epoche geworden.

Daniel hat im Kindergarten nie gerne gemalt oder gebastelt, weil seine Produkte nicht so schön wurden wie die der anderen. Seine Feinmotorik weise Entwicklungsdefizite gegenüber den anderen Kindern auf, hatte die Erzieherin der Mutter erklärt. Doch die Warnung, das könne sich in der Schule für den Schriftspracherwerb negativ auswirken, war unbegründet. Dort arbeitet man mit einem „offenen“ Unterrichtskonzept. Die Kinder lernen mit Hilfe von unterschiedlichen Materialien und in unterschiedlichem Tempo. Die ermutigenden Kommentare der Lehrerin haben Daniel geholfen, seine Hemmungen im Umgang mit Stiften und Papier zu überwinden und ein ganz normal motivierter Schüler zu werden.

Solche Beispiele lassen sich beliebig ergänzen. Sie zeigen, dass Beziehungseinflüsse in jedem Alter höchst wichtig für die Motivationsausprägung sind. Freundlich-annehmende Lehrkräfte, die an den Stärken der Kinder ansetzen und auf der Basis einer vertrauensvollen Beziehung behutsam und sachlich-konstruktiv kritisieren, können das Vertrauen in die eigenen Fähigkeiten und damit die Erfolgszuversicht erheblich stärken. Aber auch ganz einfache Sympathien oder Antipathien beeinflussen die Motivation. Das Interesse für ein Fach kann geweckt werden, wenn ein besonders sympathischer Lehrer den Unterricht übernimmt; Verliebtheit in einen Mitschüler kann zu Begeisterung für ein neues Interessensgebiet führen. Der Urlaub in England motiviert eher zum Vokabellernen, wenn man dort Menschen kennenlernt, mit denen man in Kontakt bleiben möchte.

Die Bedeutsamkeit von Sympathie in zwischenmenschlichen Beziehungen für die Motivation kann jeder Berufstätige nachvollziehen. Ein netter Chef und ein gutes Betriebsklima wirken sich immer positiv auf die eigene Anstrengungsbereitschaft aus.

LUST AUF LERNEN

Warum hat ein Kind weniger
oder mehr Lust zum Lernen?

☞ Grundlagen für die Leistungsmotivation werden schon in frühester Kindheit gelegt. Dazu braucht ein Kind die Erfahrung, dass es etwas aus eigener Aktivität und Anstrengung heraus geschafft hat.

☞ Motivation wird gestört durch persönliche Konflikte (z. B. mit dem Lehrer), Mobbing und Angst vor der Schule, aber auch durch Über- sowie Unterforderung und ständiges Vergleichen.
Umgekehrt haben Kinder Lust zum Lernen, wenn sie zu Hause und im Unterricht Unterstützung, konstruktive Kritik und Zutrauen in die eigenen Fähigkeiten erfahren.

☞ Konzentration und Frustrationstoleranz können wir in jedem Alter stärken ebenso wie Selbstwertgefühl, das sich durch selbstständiges Handeln und unsere Reaktion darauf entwickelt.

☞ Ihr Kind hat Lust aufs Lernen, wenn es an seine Aufgaben mit Energie und Ausdauer herangeht und versucht, sie erfolgreich abzuschließen. Gibt es bei Schwierigkeiten schnell auf, wird es sich auch nur wenig Leistung zutrauen.

3. Wenn Schüler nicht wollen, was sie sollen

Fehlende Motivation wird häufig als fehlender Wille missverstanden. Wenn das Kind trödelt, träumt oder sich nicht konzentriert, heißt es rasch: „Du musst dich halt anstrengen!"

> „Motivation ist die Fähigkeit,
> Fähigkeiten zu mobilisieren."
>
> (H.-J. Quadbeck-Seeger)

In der Regel strengt sich ein Kind an – nur führt seine Anstrengung nicht immer zum Erfolg. Weil der Erfolg ausbleibt, denken wir Erwachsenen, es sei mehr Anstrengung nötig – und damit denken wir psychologisch falsch. Nicht mehr von demselben, was bisher nicht half, sondern Anderes ist nötig, um erfolgreich zu sein. Kinder wollen lernen – das steckt in ihren Genen, wie uns die Hirnforschung eindrücklich beweisen konnte.

3.1. Kinder wollen lernen

„Nie wieder ist ein Mensch so neugierig darauf, das Leben kennenzulernen, so entdeckerfreudig und so gestaltungslustig wie am Anfang seines Lebens. Diese Begeisterungsfähigkeit, diese enorme Lernlust und unglaubliche Offenheit sind der eigentliche Schatz der frühen Kindheit. Und diesen Schatz müssen wir besser als bisher bewahren und hegen. Es geht also weniger darum, mit Hilfe von Förderprogrammen Kindern immer schneller immer mehr Wissen beizubringen. Was wir brauchen, sind Programme, die verhindern, dass Kinder irgendwann die Lust am Lernen verlieren" (HÜTHER 2009, S. 16).

Luther Standing Bear, Medizinmann der Lakota-Indiander, lebte im 20. Jahrhundert, hatte studiert und Bücher geschrieben. Er notierte einmal über die Erziehung der Kinder seines Stammes: „Nie wurde den Kindern der Lakota für gutes Lernen eine Belohnung versprochen. Kein Kind wurde mit Geld zu einer Leistung verlockt oder für seine Mühe mit einem Preis ausgezeichnet. Nie sagte jemand: ‚Wenn du deine Sache gut machst, Kind, dann bekommst du etwas dafür.‘ Der Fortschritt im Wissen und Können war Lohn genug." (RECHEIS/BYDLINSKI 1995, S. 85).

Das nennt man in der psychologischen Fachsprache **intrinsische Motivation**. Bei kleinen Kindern ist dieser von innen kommende Antrieb zum Lernen unverfälscht zu beobachten. Ob es um die zunehmende motorische Geschicklichkeit des Babys geht, um das Laufen- und Sprechenlernen oder um das Spielen mit Bauklötzen: Der Fortschritt im Wissen und Können motiviert zu weiteren Bemühungen. Freudige Reaktionen wie das Lachen der Mutter, wenn das Kind zum erstenmal „Mama" sagt, verstärken die Anstrengungen des Kindes zusätzlich, aber sie sind nicht die Quelle der Motivation!

Die große Pädagogin Maria Montessori beobachtete einmal ein etwa dreijähriges Mädchen, das damit beschäftigt war, „die Serie unserer Holzzylinder in die entsprechenden Öffnungen zu stecken und wieder herauszunehmen. Diese Zylinder ähneln Flaschenkorken, nur haben sie genau abgestufte Größen, und jedem von ihnen entspricht eine passende Öffnung in einem

Block. Ich erstaunte, als ich ein so kleines Kind eine Übung wieder und wieder mit tiefem Interesse wiederholen sah. [...] Auch wollte ich feststellen, bis zu welchem Punkt die eigentümliche Konzentration der Kleinen gehe, und ich ersuchte daher die Lehrerin, alle übrigen Kinder singen und herumlaufen zu lassen. Darauf ergriff ich vorsichtig das Sesselchen, auf dem die Kleine saß, und stellte es mitsamt dem Kinde auf einen Tisch. Die Kleine hatte mit rascher Bewegung ihre Zylinder an sich genommen und machte nun, das Material auf den Knien, ihre Übung unbeirrt weiter. Seit ich zu zählen begonnen hatte, hatte die Kleine ihre Übung zweiundvierzigmal wiederholt. Jetzt hielt sie inne, so als erwachte sie aus einem Traum, und lächelte mit dem Ausdruck eines glücklichen Menschen. Ihre leuchtenden Augen sahen vergnügt in die Runde. Offenbar hatte sie alle jene Manöver, die sie hätten ablenken sollen, überhaupt nicht bemerkt. Jetzt aber, ohne jeden äußeren Grund, war ihre Arbeit beendet" (MONTESSORI 1980, S. 165).

Nicht die Aussicht auf Belohnung, auf ein Lächeln oder ein Lob der Erzieherin hatte das Mädchen zu seinem Verhalten veranlasst. Es war die pure Funktionslust, die Lust am Tun, die zur ausdauernden Ausführung der Übung motiviert hatte. Ausdauersportler kennen diesen Zustand als **Flow-Effekt**. Schulkinder, die freiwillig viele Zeilen mit dem neu gelernten Buchstaben füllen, empfinden ebenso. Sie sind euphorisch und aufgekratzt. Das Lob der Lehrerin oder der Eltern verstärkt zusätzlich, aber es ist nicht der Grund für die Motivation.

3.2. Schulkinder wollen (mitunter nicht) lernen

Frau Steinbach schaut sich Tinas Hausaufgaben an. Tina, 12 Jahre, 7. Klasse, kann manchmal ziemlich zickig werden. Frau Steinbach überlegt kurz. Wenn sie sagt: „Das hast du toll gemacht", stimmt das nicht, denn sie sieht noch Fehler und die unordentliche Schrift. Wenn sie aber Kritik übt, kennt sie Tinas motzige Reaktion: „Immer hast du was auszusetzen! Nie bist du mit mir zufrieden!" Möglicherweise wird sie sich künftig gar nicht mehr ins Heft schauen lassen wollen. So sagt die Mutter: „Du bist erleichtert, dass du fertig bist, stimmt's?" – „Hm", nickt Tina ein wenig misstrauisch. „Bist du auch zufrieden mit deiner Arbeit?", fragt Frau Steinbach nach. – „Och, weißt du", antwortet Tina, „in Englisch habe ich mir Mühe gegeben, die Missis kontrolliert nämlich genau. Erdkunde macht mir Spaß, da mache ich eh immer mehr als ich muss. Und bei den anderen Lehrern ist es in Ordnung, wenn ich was im Heft habe. Mehr wollen die gar nicht wissen."

Frau Steinbach begreift, dass Tina sich an den Maßstäben orientiert, die die Lehrer vorgeben. Ihr selbst reicht das eigentlich nicht und sie fürchtet auf lange Sicht um Tinas Noten. Andererseits arbeitet Tina in den Fächern, die ihr liegen, durchaus ordentlich, und über ihre Noten in den Klassenarbeiten kann sie sich bisher nicht beklagen. So sagt sie: „Verstehe. Bei den meisten Lehrern reicht es dir, nicht negativ aufzufallen." – „Genau", entgegnet Tina, „und jetzt treffe ich mich mit meiner Clique." – „Viel Spaß", wünscht ihr ihre Mutter.

Nicht alle Mütter könnten Tina jetzt einfach so gehen lassen. Viele würden sie auf ihre Fehler hinweisen, die unsaubere Schrift kritisieren oder gar verlangen, dass sie erst die Hausaufgaben verbessert, bevor sie gehen darf. Dahinter steckt die gute Absicht, dem Kind zu helfen, eine gute Schülerin zu sein. Perfekte Hausaufgaben machen Eindruck auf viele Lehrer. Außerdem ist die Ansicht weit verbreitet, Fehler sollten nicht stehen bleiben, sonst prägten sie sich ein. Und schließlich möchten viele Eltern, dass ihre Kinder einen hohen Qualitätsanspruch an sich selbst entwickeln, denn heutzutage sind die Leistungsanforderungen in der Gesellschaft höher als früher. Sie sollten also *wollen, was sie sollen.*

Auch Tinas Mutter möchte, dass ihre Tochter eine gute Schülerin ist und mehr schulischen Ehrgeiz entwickelt. Aber sie weiß, dass das eine Frage der Einstellung ist.

 Einstellungen erwachsen aus Erfahrungen, nicht aus Vorträgen, Kritik, Tadel, Mahnungen oder gar Zwang.

Im Moment ist Tina zufrieden mit ihren Hausaufgaben. Sie weiß, dass sie damit den Anforderungen ihrer Lehrer genügt. Über die ganze Schulzeit hinweg bildet sich die Einstellung zum schulischen Lernen in der Konfrontation mit den Anforderungen heraus und entwickelt sich. In diesem Prozess sind die Lehrkräfte die wichtigsten Bezugspersonen. Tinas Mutter nimmt sich vor, die Lehrer in einer Sprechstunde oder beim nächsten Elternsprechtag zu fragen, wie sie mit den Hausaufgaben der Kinder umgehen und welche Erwartungen sie diesbezüglich an die Eltern haben. Im 5./6. Schuljahr hatte es ein enger kontrollierendes System gegeben. Für die Förderung einer selbstverantwortlichen Lernhaltung von Schülern ist die Abstimmung zwischen Elternhaus und Schule wichtig. Nichts wäre fataler, als wenn beide Partner gegeneinander arbeiten würden, und sei es nur wegen fehlender Kommunikation.

Tina jedenfalls hat kein Problem mit der Leistungsmotivation, denn sie nimmt die Anforderungen der Lehrer an. Aber es gibt heutzutage viele Kinder, die sich bereits im Grundschulalter den

Leistungsansprüchen verweigern, sich nicht anstrengen und keine Hausaufgaben machen oder im Unterricht Aufträge nicht erledigen wollen. Vor allem Schulpsychologen stellen fest, dass die Zahl dieser Kinder zunimmt und besonders Jungen unter einem Mangel an Leistungsmotivation leiden.

Folgendes Modell kann helfen, die Tendenz der Leistungsmotivation bei einem Schüler zu erkennen:

	in mir selbst = internal	außerhalb von mir = external
	liegende Gründe für Erfolg oder Misserfolg:	
unveränderlich (= invariabel)	Begabung	Schwierigkeitsgrad
veränderlich (= variabel)	Anstrengung	Zufall (Glück / Pech)

Abb. 3.1: Modell der Leistungsmotivation

Was sagen Kinder, wenn sie in einer Leistungssituation (Test, Klassenarbeit) gut oder schlecht abgeschnitten haben? Wie sie ihren Erfolg oder Misserfolg begründen, ihre „Ursachenzuschreibungen" also, lässt uns ihren Motivationstyp erkennen.

➤ „Das war ja pipileicht" oder „Das war so schwer – niemand hat das gekonnt": Gibt jemand den Schwierigkeitsgrad einer Aufgabe als Grund für Erfolg oder Misserfolg an, so sieht er sich nicht selbst als ursächlich dafür an. Er attribuiert (= begründet) also external und invariabel, denn der Schwierigkeitsgrad ist ja festgelegt (durch den Lehrer, den Lehrplan, die Prüfungsordnung).

➤ „Ich habe Glück/Pech gehabt" oder „Es kam was ganz anderes dran, als wir eigentlich lernen sollten": Auch diese Begründung hat nichts mit dem Lernenden selbst zu tun, sondern liegt wieder außerhalb von mir selbst (= external). Aber Glück und Pech sind schwankend und können mir immer wieder unterschiedlich zufallen, darum variabel.

➤ „Ich bin zu dumm für die Schule" oder „Mathe kann ich einfach nicht", bei Erfolgen auch: „Ich bin halt intelligent": Diese Gründe liegen in mir selbst, nämlich in meiner allgemeinen oder fachspezifischen Begabung. In der Regel begründen Schüler ihr Versagen auf diese Weise erst nach einer längeren Serie von Misserfolgserfahrungen. Dann sagen sie vielleicht auch: „Ich kann üben, so viel ich will, ich werde ja doch nicht so gut, wie ich sein soll." Jede weitere Misserfolgserfahrung stabilisiert also diese entmutigende Grundeinstellung.

➤ „Ich habe gut gelernt" oder „Ich hätte halt mehr lernen sollen": Wer so die eigene Verantwortung für Erfolg oder Misserfolg übernimmt, indem er seine persönliche (internale) Anstrengung, die ja in Abhängigkeit von einem selbst veränderlich (variabel) ist, als Ursache für das Leistungsresultat sieht, zeigt Erfolgszuversicht (s. S. 54 ff.); das heißt übersetzt: „Ich weiß, dass ich zum Erfolg komme, wenn ich mich anstrenge."

Wie bei jedem Modell gilt auch hier: Kaum ein Schulkind ist eindeutig einem dieser vier Typen zuzuordnen. Glücklicherweise können wir unsere Kinder nicht einfach in Schubladen stecken; sie sind Individuen und als solche immer einzigartig. Aber ihre Reaktionen auf schulischen Erfolg oder Misserfolg lassen uns mit Hilfe des Modells besser einordnen, was mit ihnen los ist.

3.3. Motivationshemmende Haltungen Erwachsener

Wir sind immer ein Produkt unserer genetischen Veranlagung *und* der **Bedingungen im Umfeld**. Darum ist es wichtig zu erkennen, wo wir Leistungsmotivation durch unser Verhalten möglicherweise hemmen, um Konsequenzen daraus ziehen zu können.

„Die Hausaufgaben sind einfach zu viel!"

Ein zentrales Problem für die Lern- und Leistungsmotivation von Schülern stellen die Hausaufgaben dar. Ihre eigenen Aussagen dazu sind durchaus widersprüchlich, denn die einen finden sie aus unterschiedlichen Gründen gut, die anderen nicht.

Schulkinder erreichen heutzutage bereits in der Grundschule die Arbeitszeiten Erwachsener. Im G-8-Gymnasium steigert sich ihr Pensum manchmal bis an die Grenze des Erträglichen. Und oft heißt es nach den Hausaufgaben: „Jetzt müssen wir noch üben." **Schulstress** ist ein Faktum, vor dessen Auswirkungen auf die Gesundheit Pädagogen und Ärzte warnen. Dass er aber auch die Motivation hemmt, wird seltener bedacht.

Am Ende des Unterrichtsvormittags schreibt die Lehrerin die Hausaufgaben an die Tafel und erklärt sie den Kindern. Entsetzt ruft Daniel aus: „Was – so viele Hausaufgaben? Das schafft Mama nie im Leben!"

Wer als Eltern die Verantwortung für die Hausaufgaben übernimmt, erlebt die größten Konflikte. Psychologen und Erziehungswissenschaftler stellen fest, dass insbesondere direktive Formen „wie Aufsicht, Kontrolle oder direkte Hilfe die ohnehin schon schwächeren Schüler weiter verunsichern" (LI-POWSKY 2004, S. 44). Andere empfehlen ganz direkt, Eltern sollten ihre Kinder nicht bei den Hausaufgaben beaufsichtigen. Psychologen vom Berliner Max-Planck-Institut für Bildungs-forschung begründeten diesen Rat im Jahr 2000: Beim Ver-gleich von Siebtklässlern mit und ohne Elternunterstützung hatten diejenigen am Schuljahresende einen höheren Wissens-stand erreicht, die ihre Hausaufgaben in der Regel selbststän-dig erledigt hatten.

Demnach scheinen emotionale Unterstützung sowie Anregung und Förderung der Selbstständigkeit durch Eltern erfolgver-sprechender zu sein. Also ist in erster Linie solche Hausauf-gabenhilfe motivationshemmend, die einem Kind das Denken abnimmt.

„Sie hat überhaupt nicht nachgeguckt!"

Wenn ein Kind für die Schule arbeitet, steckt es immer auch etwas von sich selbst hinein. Es ist emotional beteiligt, bei kreativen Aufgaben wie einem Aufsatz oder einer Zeichnung vielleicht mehr als bei Mathematik. Dass die Lehrerin seine Leistungen *würdigt*, entspricht seinem Bedürfnis nach *Würde*. Bei Erwachsenen ist das prinzipiell nicht anders, aber Kinder suchen noch besonders intensiv nach ihrem Selbstbild, der Ba-sis für ihre Identität. Es bildet sich durch Rückmeldungen von Bezugspersonen aus. Solange Kinder noch unkritisch und voller Vertrauen in Erwachsene sind, sehen sie sich so, wie Eltern, Erzieherinnen oder Lehrer es sagen. Im Grundschulalter und manchmal noch etwas darüber hinaus identifizieren sie sich zu-dem mit ihren Leistungen und sagen beispielsweise von sich: „Ich bin gut / Ich bin schlecht", wenn sie meinen, ihre Schulleis-tungen seien gut oder schlecht.

Vor allem deshalb ist es wichtig, die Arbeitsleistungen von Schülern wahrzunehmen und Rückmeldungen zu geben. Lehrkräfte helfen Kindern bei der Entwicklung ihrer Identität, wenn sie durch sachbezogenes Feedback die Unterscheidungsfähigkeit zwischen „Ich bin gut" und „Meine Leistungen sind gut" fördern. Eltern helfen Kindern beim Aufbau eines positiven Selbstbildes, wenn sie sie nicht in erster Linie für die Arbeitsergebnisse, sondern für die aufgebrachte Anstrengung loben.

Darüber hinaus bleiben Hausaufgaben mit Übungscharakter ohne jeden positiven Einfluss auf die Lernentwicklung, wenn sie nicht zeitnah mit einer Rückmeldung über das Ergebnis verbunden sind. Umgekehrt gilt: „Besonders leistungsförderlich ist [...] ein inhaltliches Feedback, das den Schülerinnen und Schülern eine Kontrolle ihrer Ergebnisse ermöglicht" (LIPOWSKY 2004, S. 42). Dieses Feedback sollte vom Lehrer kommen, der ja die Aufgaben gestellt hat und den Gütemaßstab bestimmt. Wer einwendet, es gebe nicht die Zeit für Kontrolle und Besprechung der Hausaufgaben, behindert damit genau das bei den Schülern, was Lehrer für erfolgreiches Unterrichten dringend benötigen: Motivation.

„Das musst du selber herausfinden!"

Als Faustregel gilt, dass die Motivation zum Erledigen einer Aufgabe dann am größten ist, wenn die Erfolgswahrscheinlichkeit bei ungefähr 50 Prozent liegt. Zu leichte Aufgaben sind unattraktiv, zu schwierige machen Angst. Es gibt allerdings erhebliche Unterschiede zwischen erfolgzuversichtlichen und misserfolgsängstlichen Schülern. Erstere schätzen die Aufgabenschwierigkeit meist realistisch ein und werten ihre eigene Anstrengung als Ursache für Erfolg oder Misserfolg. Letztere hingegen empfinden bei leichten Aufgaben wenig Stolz über erfolgreiches Arbeiten, reagieren aber mit besonders großer

Enttäuschung bis Verzweiflung, falls sie dabei Fehler machen. Wenn sie schwierige Aufgaben erfolgreich bewältigen, begründen sie das eher mit Glück als mit Anstrengung, weshalb sie dann gleichfalls nicht stolz sein können. Misserfolge bei schwierigen Aufgaben werten sie als Bestätigung für ihre vermeintlich mangelnde Begabung und reagieren eher gleichgültig als ärgerlich.

Beim Stellen der Hausaufgaben sollten Schüler also unbedingt einschätzen, ob sie sie auch selbstständig bewältigen können. Das ist wieder besonders wichtig für die Misserfolgsängstlichen – sie brauchen eine größere Sicherheit, um sich an Herausforderungen zu wagen.

„Könnten Sie mir bitte noch mal erklären, wie das geht?" Diese Frage wird im Unterricht viel zu häufig übergangen. Die Antwort „Das musst du selber herausfinden" wirkt jedenfalls auf einen misserfolgsängstlichen Schüler entmutigend; sie erhöht seine Hemmschwelle, sich überhaupt auf die Aufgabe einzulassen.

„Jetzt schreiben wir schon die vierte Arbeit in dieser Woche!"

Die Leistungsmotivation von Schülern wird auf eine harte Probe gestellt, wenn die Anforderungen rein quantitativ zu groß werden. Jeder kennt die Wochen vor den Zeugniskonferenzen, in denen sich die Tests und Klassenarbeiten häufen, obwohl laut Verwaltungsvorschrift auf die gleichmäßige Verteilung der Leistungskontrollen geachtet werden soll.

Es geht jedoch nicht nur um diese zwei Wochen im Schuljahr. Erleben Schüler ein Klima, in dem sie sich als Personen nicht wahr- und angenommen fühlen, fällt ihnen natürlicherweise die Aktivierung des Leistungsmotivs besonders schwer, in der Schule wie zu Hause.

Viele Familien berichten vom **Hausaufgaben-Stress**. Es gibt Mütter (Väter kommen da nur selten vor), die im Grundschulalter ihren Kindern vermeintlich schlecht erledigte Hausaufgaben durchstreichen und eine Neuanfertigung verlangen. Wenn sie es sich leisten können, reagieren Eltern auf schlechte Noten häufig mit bezahlter Nachhilfe. Auch das führt zu einer starken Zusatzbelastung. Der zeitliche Aufwand fürs Lernen wird durch die Eltern mitbestimmt und vermittelt manchem Kind den Eindruck, es werde nur mit guten Noten geliebt und angenommen.

„Was erwartest du von mir?"

Mit Erwartungen meinen wir Erwachsenen in erster Linie Verhaltenserwartungen, z. B.: Ich erwarte von dir, dass du einmal in der Woche dein Zimmer aufräumst, pünktlich nach Hause kommst, deine Jacke an die Garderobe hängst. In der Schule erwarten Lehrer, dass die Kinder sich an Klassenregeln halten und ihren Lernpflichten nachkommen.

Aber wir haben auch unsere Vorstellungen von Motivation und rechnen beispielsweise damit, dass die Kinder für Klassenarbeiten lernen und sich mit den Hausaufgaben Mühe geben. Solche Erwartungen formulieren wir allerdings meist erst dann, wenn sie nicht erfüllt worden sind, und dann auch noch mit Kritik verbunden. Statt unausgesprochener Erwartungen brauchen Kinder jedoch klar formulierte und in konkretes Verhalten übersetzte **Vorgaben und Regeln**.

Daneben haben wir auch Erwartungen an die Zukunft unserer Kinder: Sie sollen beispielsweise die Arztpraxis des Vaters oder den Friseursalon der Mutter übernehmen.

40

Solche Erwartungen sind nicht allen Eltern bewusst. Auf jeden Fall führen sie zu einem Blick auf das Kind, der ständig prüft, ob es „im Soll" liegt. Das kann hohen Erwartungsdruck erzeugen und Schulstress begünstigen, etwa wenn das Gymnasium als unverzichtbar angesehen wird. Erwartungsdruck ist für ein Kind nicht konkret greifbar; es kann ihn nicht benennen, aber spüren. Manche Kinder wehren sich unbewusst dagegen – mit Schulversagen. Der Schweizer Sonderpädagoge Jürg JEGGE dokumentierte vor mehr als 30 Jahren in seinem längst vergriffenen Buch „Dummheit ist lernbar" solche Fälle. So beschrieb er beispielsweise den elfjährigen Albert, der nicht lesen lernte, weil das die einzige Art war, wie er sich gegen seinen Vater zur Wehr setzen konnte: „Man denke: Der Bub, der Einzige, der einmal den Hof übernehmen würde, ein Trottel. Das saß" (S. 37).

Lehrer nehmen dem Schüler vor allem dann die Motivation, wenn sie seine Fähigkeiten infrage stellen.

 „Kinder aus Arbeiterfamilien müssen bei der Lesekompetenz aus Sicht der Lehrkräfte durchschnittlich 70 Punkte mehr erzielen als Kinder aus Akademikerfamilien, um eine Gymnasialempfehlung zu bekommen. [...] Je höher die Sozialschicht, desto niedriger dürfen die Leistungen sein, wenn es eine Gymnasialempfehlung geben soll" (DEMMER 2009, S. 18).

Natürlich entmutigt es Kinder, wenn sie sich für Erfolge weit mehr anstrengen müssen als Klassenkameraden aus gutsituiertem Elternhaus.

BEGABUNG
MUSS SICH ENTWICKELN KÖNNEN

Kinder wollen lernen.
Sie brauchen dafür aber die richtigen Bedingungen.

☞ Aus eigenem Antrieb lernen, das lässt sich bei kleinen Kindern gut beobachten. Sie beginnen zu laufen, zu sprechen, einen Ball zu werfen – und freuen sich an ihren Fortschritten, aus reiner Lust am Tun.

☞ Das Verhalten der Erwachsenen hemmt oder fördert die Leistungsmotivation von Kindern.
Emotionale Unterstützung, Anregungen und Förderung der Selbstständigkeit wirken sich positiv aus.

☞ Hausaufgaben nützen etwas, wenn die Aufgaben selbstständig gelöst werden können. Außerdem braucht das Kind Rückmeldung vom Lehrer über seine Leistung sowie Anerkennung seiner Anstrengungen von den Eltern.

☞ Schulstress hemmt die Lernfähigkeit.
Sprechen Sie mit den Lehrern, wenn Ihr Kind die Hausaufgaben nicht schafft oder zu häufig Klassenarbeiten in kurzen Zeitabständen schreiben muss. Kontrollieren Sie, ob Sie selbst Ihr Kind unter einen hohen Erwartungsdruck setzen.

4. Die Stärkung des Leistungsmotivs

Ein Motiv ist ein Beweggrund. Der Grund, der Menschen dazu bewegt, etwas zu leisten, ist die Hoffnung auf den Erfolg und die damit verbundene Freude.

> Wer etwas Großes leisten will,
> muss tief eindringen,
> scharf unterscheiden,
> vielseitig verbinden
> und standhaft beharren.
>
> (Friedrich Schiller)

Erbringen zwei Menschen die gleiche Leistung, können sie ihren Erfolg durchaus unterschiedlich bewerten und müssen nicht zwangsläufig beide stolz darauf sein. Jeder entwickelt – unter Beteiligung der Umwelt – seinen individuellen Gütemaßstab.

Vor allem die Bezugspersonen tragen zur Leistungsmotivation bei: durch ihr Zutrauen in die Fähigkeiten und Entwicklungsmöglichkeiten des Kindes, durch ihre Reaktionen auf sein Verhalten. Insbesondere positiv-verstärkende Reaktionen auf selbstständiges Handeln sind geeignet, das Leistungsmotiv zu stärken. Auch später kann sich das Leistungsmotiv noch positiv verändern. Schließlich ist es erlernt, und Lernprozesse finden bei uns Menschen bis ins hohe Alter hinein statt.

In diesem Buch unterscheide ich zwischen Leistungsmotiv und Leistungsmotivation; Letztere beschreibe ich ab S. 71. Wie Schüler lernen können, ihr Leistungsmotiv zu stabilisieren, wird in den folgenden Abschnitten beschrieben.

4.1. Ritualisierung der Arbeitssituation

Alle Pflichten, das kennen auch wir Erwachsenen, lassen sich leichter erledigen, wenn sie zu Selbstverständlichkeiten werden, die man nicht immer wieder aufs Neue hinterfragt. Könnten Sie Ihren Haushalt bewältigen, wenn Sie jede Wasch- und Putzaktion diskutieren und zu stets verschiedenen Zeiten ausführen würden? An regelmäßige Pflichten kann man sich nicht nur gewöhnen, man kann sie sogar irgendwann schätzen lernen. Das erfahren Kinder eher, wenn sie schon früh im Haushalt mithelfen.

Auf dieser Basis ist es einfach, sich an die regelmäßigen Schulpflichten zu gewöhnen. Allerdings wäre es dem Leistungsmotiv abträglich, sollte ein Kind beispielsweise gezwungen werden, von einem chaotischen Lernstil auf einen systematischen umzusteigen, sofern der chaotische Lernstil erfolgreich ist! Insofern sind alle Anregungen dieses Kapitels als ein Supermarkt zu verstehen, in dem man sich nach Bedarf bedient. Probieren Sie aus und ziehen Sie erst nach drei Wochen Bilanz, ob sich Erfolg einstellt. Was sich in dieser Zeit bewährt hat, wird übernommen – und ist ein Grund zum Feiern, weil erfolgreiche Neuerungen heißen, dass Hausaufgaben und Lernen nun leichter, schneller oder besser funktionieren.

Reagiert Ihr Kind jedoch trotz fehlender schulischer Erfolge auf Ihre Vorschläge für Neuerungen mit einem konsequenten „Ist mir egal!", sollten Sie nicht vor nachdrücklicher Überzeugungsarbeit zurückscheuen. Gerade der Misserfolgsängstliche (s. S. 16) verhält sich gegenüber Neuerungen beim Lern- und Arbeitsverhalten häufig gleichgültig-ablehnend. Er ist ja meistens davon überzeugt, dass sowieso alles nichts nützt. In der Pubertät kommt dann noch die Verleugnung jeglichen Problems hinzu, was als Selbstschutz durchaus verständlich ist. Reine Freiwilligkeit des Angebots greift dann zu kurz.

Sollten Sie Ihr Kind mit Ihren Hilfestellungen für ein erfolgreicheres selbstständiges Lernen nicht erreichen, weil es jeden Einfluss völlig abblockt, obwohl es Hilfe braucht, dann zögern Sie bitte nicht, eine schulpsychologische Beratungsstelle bzw. den Schulpsychologischen Dienst anzusprechen; alle Adressen finden Sie im Internet unter www.schulpsychologie.de. Manche Schulen haben sogar einen eigenen Beratungslehrer oder Schulpsychologen; fragen Sie dort einfach nach.

Ein fester Arbeitsplatz

Da die Einrichtung Ihrer Wohnung und die Organisation des Haushalts vorrangig in Ihrer Verantwortung liegen, sollte es nicht schwierig für Sie sein, mit Ihrem Kind gemeinsam einen festen Platz für Hausaufgaben und Lernen zu bestimmen. Das kann der Schreibtisch im eigenen Kinderzimmer sein, muss es aber nicht. Der Arbeitsplatz sollte die folgenden Bedingungen erfüllen:

a.) Die Arbeitssituation ist dort ungestört.
b.) Alle benötigten Arbeitsmaterialien sind zur Hand.
c.) Die Lichtverhältnisse sind gut.
d.) Tisch und Stuhl sind auf die Körpergröße des Kindes abgestimmt.

Die meisten Schüler wollen möglichst rasch fertig sein, um ihre Freizeit genießen zu können. Dafür ist eine gute Arbeitsplatzorganisation hilfreich. Vielleicht überzeugt Ihr Kind die folgende Geschichte, die gerne in Motivationsseminaren für Manager erzählt wird:

Ein Wanderer trifft im Wald auf einen Arbeiter, der mit der Handsäge versucht, einen Baum zu fällen. Der Wanderer schaut ihm eine Weile zu und merkt, dass die Säge im Holz nicht gut vorankommt. Schließlich sagt er zum Arbeiter: „Guter Mann, wollen Sie nicht zwischendurch mal Ihre Säge schärfen? Dann ginge es doch viel schneller!" Ziemlich in Hektik schaut der Arbeiter auf und antwortet: „Ja, ja, Sie mögen schon Recht haben, aber schauen Sie doch", und dabei deutet er auf die ganzen Bäume um ihn herum, „so viele Bäume, die ich alle noch fällen muss. Ich habe einfach keine Zeit, um die Säge zu schärfen."

Wahrscheinlich wird Ihr Kind diesen Arbeiter spontan für dumm erklären, denn es leuchtet doch jedem ein, dass eine scharfe Säge schneller sägt als eine stumpfe. Aber wenn man statt des Holzfällens an die Hausaufgaben denkt, fällt einem vielleicht auf, dass man auch da die Säge schärfen könnte. Mit Goethe gesagt:

> „Gebraucht der Zeit,
> die geht so schnell von hinnen,
> doch Ordnung lehrt euch
> Zeit gewinnen."

Also sollte der Schülerarbeitsplatz so organisiert sein, dass er Zeit zu sparen hilft.

Beim Schreibtisch ist das relativ einfach: Alle Bücher, Nachschlagewerke, Hefte, Schreib- und Zeichenmaterialien sind griffbereit in Fächer und Schubladen einsortiert. Das Prinzip heißt: Ich brauche grundsätzlich nicht meinen Platz zu verlassen, um ein Arbeitsmittel zu holen, denn alles ist vor Ort.

Wer regelmäßig an einem „ambulanten Schreibtisch" arbeitet, z. B. am Esstisch, sollte stets seinen Schulranzen dorthin mitnehmen und sich zusätzlich eine Plastikkiste zulegen, in der alle Bücher, Hefte, Ordner, der Locher usw. liegen, die nicht im Ranzen sind. Dieses System ist nach erledigten Hausaufgaben leicht aufzuräumen.

Eine feste Arbeitszeit

Wenn ein Kind nicht gerne arbeitet und jeden Tag aufs Neue Gelegenheit hat, andere Tätigkeiten vorzuschieben („Heute haben wir uns zum Kicken verabredet." – „Ich muss erst die Katze füttern." ...), dann wird das Hinauszögern zur Methode. Damit fällt es jeden Tag ein Stückchen schwerer, überhaupt anzufangen.

Die einfachste Lösung wäre es, jeden Tag um die gleiche Zeit zu arbeiten, also z. B. von 14.00 bis 15.00 Uhr. Da jedoch fast alle Kinder noch den einen oder anderen Nachmittagstermin haben, brauchen sie einen Wochenplan, der eigentlich nichts anderes ist als ein bis in den Abend hinein verlängerter Stundenplan. Verwechseln Sie ihn also bitte nicht mit der in manchen Schulen üblichen „Wochenplan-Arbeit". Da handelt es sich um ein Konzept des Offenen Unterrichts, bei dem die Schüler sich ihr Wochenpensum selber einteilen sollen. Der hier vorgestellte Wochenplan dagegen ist ein Einstieg in das Zeitmanagement.

Zeit	Montag	Dienstag	Mittwoch	Donnerstag	Freitag	Samstag	Sonntag
1. Stunde							
2. Stunde							
3. Stunde							
4. Stunde							
5. Stunde							
6. Stunde							
13 Uhr 0 / 15 / 30 / 45							
14 Uhr 0 / 15 / 30 / 45							
15 Uhr 0 / 15 / 30 / 45							
16 Uhr 0 / 15 / 30 / 45							
17 Uhr 0 / 15 / 30 / 45							
18 Uhr 0 / 15 / 30 / 45							
19 Uhr 0 / 15 / 30 / 45							

Abb. 4.1: Wochenplan für Schulkinder (s. KLEIN/TRÄBERT 2009, S. 86)

48

Der Wochenplan wird so genutzt:

➤ Zuerst trägt Ihr Kind seinen Vormittags-Stundenplan ein.

➤ Mit einer Farbe (z. B. Grün) rahmt es die regelmäßigen schulischen und Freizeit-Nachmittagstermine ein und schraffiert sie, wobei es auch die Wegezeiten berücksichtigen muss. Wer bis 16.00 Uhr Sport hat, kommt vielleicht erst um 16.30 Uhr nach Hause.

➤ Mit einer anderen Farbe (z. B. Braun) trägt es die Essenszeiten ein, denn sie gehen auch von seiner frei verfügbaren Zeit ab.

➤ Die Hausaufgabenzeiten markiert es mit einer dritten Farbe (z. B. Blau). Ob es jeden Tag die gleiche Zeitmenge vorsehen muss, hängt vom Stundenplan ab. Wenn z. B. dienstags kein Hauptfach im Plan steht, werden vielleicht 30 Minuten für die Hausaufgaben ausreichen. Donnerstags, bei drei Hauptfächern, braucht man eventuell 90 Minuten.

➤ Die verbleibende freie Zeit wird mit einer vierten Farbe (vielleicht mit Neongrün) schraffiert. Damit sieht Ihr Kind: Es bleibt doch noch eine Menge an freier, unverplanter Spielzeit übrig. Der Glaube, man käme vor lauter „Hausis" zu „überhaupt nichts mehr", wird so leicht widerlegt. Eine überschaubare Arbeitszeit aber wird vom Kind eher akzeptiert als ein vermeintlich unüberschaubarer Riesenberg.

Falls keine oder wenig freie Zeit übrig bleibt, dann ist Ihr Kind schlicht überlastet. „Kinder und Uhren dürfen nicht beständig aufgezogen werden. Man muss sie auch gehen lassen", sagte der deutsche Dichter Jean Paul vor ungefähr 200 Jahren. Wer noch Uhren zum Aufziehen kennt, der weiß, dass man sie überdrehen kann – und dann sind sie kaputt.

Ein erster Wochenplan-Entwurf wird drei Wochen erprobt. Danach sollten Kind und Eltern gemeinsam eine „Hausaufgabenkonferenz" abhalten und jeden Tag des Plans auf seine Tauglichkeit hin prüfen. So kann ein Schüler durchaus mal probieren, ob es beispielsweise mittwochs nach dem Abendessen funktioniert. Falls nicht, wird das im Zweitentwurf geändert. Falls doch – warum nicht?

Vielleicht gibt es eine Sommer- und eine Winter-Variante des Plans, denn die Spielzeiten der Kinder hängen ja u. a. von Wetter- und Lichtverhältnissen ab. Der Plan soll Ihr Kind nicht verplanen, sondern seine Freizeitbedürfnisse sichern helfen.

Er bedeutet auch eine Entlastung für Eltern, denn damit können sie ihre Beteiligung an den Hausaufgaben begrenzen, vielleicht sogar nach und nach einstellen. Außerdem hilft er, anrufende und an der Haustür klingelnde Freunde während der Arbeitszeit fernzuhalten, indem man ihnen eine Kopie gibt. Noch besser wäre es allerdings, diese Freunde einzuladen und den Plan mit allen gemeinsam zu erarbeiten. So könnte die gemeinsame Spielzeit organisiert werden, und den Kindern würde deutlich, dass Planung nicht ein Korsett bedeutet, sondern eine Garantie für Freizeit schafft.

Ein fester Ablauf

Hausaufgaben bestehen aus Aufgaben unterschiedlichster Arbeitsformen und Fächer. Bei einem festen Ritual werden die Abläufe zur Routine. Routinen ersparen die sonst erforderlichen ständigen Entscheidungen: Womit fange ich an, womit mache ich weiter? Wann erledige ich mündliche Aufgaben? Mache ich das Schwierige zuerst oder das Leichte? Die Ablaufroutine der Hausaufgaben könnte aus folgenden fünf Schritten bestehen:

1. **Einstimmung:** Arbeitsplatz herrichten und die heute benötigten Materialien bereitlegen ist zwingend Bestandteil des Anfangs. Es kann helfen, sich den Anfang mit etwas Schönem zu versüßen (beispielsweise fünf Minuten Musik hören oder eine Seite in einer Zeitschrift lesen). Wem es Spaß macht, der kann auch mit einer Konzentrations- oder Entspannungsübung beginnen oder seinen Kreislauf mit einem kleinen Bewegungsspiel aktivieren.

2. **Plan:** Wer sein Hausaufgabenheft führt (und das kostet Schüler bekanntlich keine Zeit, weil sie Eintragungen ja in der Schule vornehmen), braucht für die Hausaufgaben lediglich die eingetragenen Pflichten zu nummerieren. Achtung: Es gibt „heimliche" Hausaufgaben, die die Lehrer nicht extra aufgeben, aber immer erwarten: alte Vokabeln wiederholen, vor der Bio- oder Geschichtsstunde im Heft oder Buch den Stoff vom letzten Mal nachlesen. Wer solche Aufgaben mit einplant, spart Paukzeit vor Klassenarbeiten, kann sich im Unterricht besser beteiligen und kommt leichter zu guten Noten.

3. **Erledigung:** Beim Abarbeiten der nummerierten Aufgaben in der vorgesehenen Reihenfolge helfen ein cleveres Pausensystem mit gelegentlichen Minipausen von etwa einer Minute Dauer und gegebenenfalls auch der Küchenwecker-Trick, bei dem man die geschätzte Zeit für eine Aufgabe mit dem Küchenwecker kontrolliert.

4. **Feedback:** Leistungsmotivation hat mit dem eigenen Gütemaßstab zu tun. Um ihn im Laufe der Lernbiografie immer realistischer werden zu lassen, ist ein Eigen-Feedback eine gute Möglichkeit. Denken Sie an Frau Steinbachs Frage an Tina: „Bist **du zufrieden** mit deiner Arbeit?" (vgl. S. 32). Sich das als Schüler am Ende der Hausaufgaben selber bewusst zu machen, stärkt das **Bewusstsein von sich selbst** und ist die einfachste Form des Eigen-Feedbacks; eine differenziertere folgt weiter hinten (S. 95).

5. **Schultasche packen:** Zu keinem Zeitpunkt geht das Packen des Ranzens schneller und zuverlässiger als jetzt, wenn die Hausaufgaben erledigt sind. Der Stundenplan liegt auf dem Tisch, so dass ich leicht überblicke, welche Bücher, Hefte und sonstigen Utensilien ich für den nächsten Schultag einpacken muss. Jetzt sehe ich, ob ich noch eine Ersatzpatrone einzustecken oder Stifte zu spitzen habe. Wer in der Schule nicht alle Sachen beisammen hat, erlebt Reibungsverluste, indem er sich rechtfertigen und entschuldigen, Sachen ausleihen oder Arbeiten nachholen muss. Diese Mühen können sich Schüler ersparen, wenn sie gleich nach den Hausaufgaben ihre Schultasche packen.

4.2. Verlässlichkeit und Vorbild

Gedankenexperiment: Sie haben einen Strafzettel bekommen, weil Sie beim Einkaufen in Eile waren und nur für zwei Minuten im absoluten Halteverbot standen. Geben Sie die Schuld am Strafzettel der pingeligen Politesse, der schlechten Parkplatzsituation oder sich selbst, weil sie die 100 Meter Fußweg vom Parkplatz zum Geschäft aus Zeitgründen scheuten?

Das Gedankenexperiment beschreibt zwar keine Leistungssituation im eigentlichen Sinn, ist aber trotzdem für die Ausprägung unseres Leistungsmotivs bedeutsam. Wie Sie für Ihre Kinder wahrnehmbar reagieren, ob Sie internale (Eile) oder externale Begründungen (pingelige Politesse, Parkplatzsituation) anführen, prägt deren Selbstverantwortungsgefühl mit: „Wenn ich mich richtig verhalte, ist alles in Ordnung."

Und welche Reaktionen Ihrer Mitmenschen wünschen Sie sich nach dem Strafzettel? Vorwürfe im Sinne von „Da bist du selber schuld gewesen"? Oder wäre es Ihnen lieber, wenn jemand Ihren Ärger verstehen könnte, auch ohne Ihren Fehler zu entschuldigen? In letzterem Fall würden Sie vermutlich dankbar sein, erst einmal Ihren Ärger herauslassen zu dürfen, und anschließend über Konsequenzen für Ihr künftiges Parkverhalten nachdenken.

Das Vorbild in Sachen Motivation wirkt täglich auf ein Kind. Dabei ist nicht wirksam, was Sie mit Worten beschwören, sondern wie Sie sich konkret verhalten. Fragen wie die folgenden können Ihnen bei der Selbsteinschätzung Ihres Vorbilds helfen: Akzeptieren Sie lästige und immer wiederkehrende Haushaltsarbeiten? Gibt es bei Ihnen Rituale wie das Geschirrspülen nach dem Essen oder die Bügelstunde am Donnerstagabend? Wie gefällt Ihnen das Motto „Tue nicht nur, was du liebst, sondern liebe, was du tust"? Engagieren Sie sich in irgendeinem Bereich neben dem Beruf beziehungsweise der Familie? Wie gehen Sie mit besonders lästigen Pflichten um, beispielsweise mit der Steuererklärung? Loben oder belohnen Sie sich selbst für erledigte Pflichten?

Wenn Sie mit beharrlicher Geduld immer wieder von Ihrem Kind bestimmte Verhaltensweisen im Zusammenhang mit Hausaufgaben und Lernen einfordern, wirkt das bei Übereinstimmung Ihrer Worte mit Ihrem Alltagsverhalten naturgemäß viel stärker. Dabei können Sie nie perfekt sein und sollten es auch nicht anstreben. Ihr Kind braucht Ihr Vorbild nicht zuletzt für sein Umgehen mit Fehlern. Außerdem erzeugen perfekt wirkende Eltern einen enormen Druck auf ihre Kinder und manchmal das entmutigende Gefühl, so toll könnten sie selbst nie werden. Aber Ihre natürliche Autorität, Ihr Ansehen hängen in hohem Maße von der Übereinstimmung (= Kongruenz) zwischen Worten und Taten ab. Deshalb akzeptieren Kinder und Jugendliche die zuverlässige, stetige Einforderung eines vernünftigen Lern- und Arbeitsverhaltens durch solch kongruente Eltern in aller Regel. Wenn sich dann auch noch Erfolgserlebnisse einstellen, verselbstständigt sich diese Haltung bei ihnen rasch.

4.3. Erfolgserlebnisse schaffen Erfolgszuversicht

Es ist eine Binsenweisheit: „Nichts motiviert mehr als der Erfolg." Jeder Sporttrainer arbeitet nach diesem Prinzip. Aber Erfolg ist relativ. Ist es für ein legasthenes Kind erst ein Erfolg, wenn es im Zeugnis ein Ausreichend für seine Rechtschreibleistungen erhält, oder auch schon, wenn es „han" lautgetreu (für „Hahn") schreibt, nachdem es zuvor immer „hn" schrieb? Es geht um realistische Zielsetzungen. Misserfolgsängstliche (s. S. 35) tun sich schwer damit. Sie setzen sich entweder zu einfache Ziele, aus lauter Sorge, sie nicht zu erreichen, und können sich anschließend über den Erfolg nicht freuen, denn das war ja auch zu einfach. Oder sie überfordern sich und fühlen sich nach dem Misserfolg in ihrer Selbsteinschätzung bestätigt, dass sie einfach zu unfähig seien.

Solche Kinder brauchen **realistische Ziele**: Wenn es also beispielsweise mit den selbstständigen Hausaufgaben nicht klappt, besteht das erste Ziel darin, den festen Arbeitsplatz zu etablieren. Es ist für ein bisher chaotisch arbeitendes Schulkind ein Erfolg, wenn es sich im Laufe von zwei Wochen an einen festen Arbeitsplatz gewöhnt hat! Damit dieser Erfolg motivierend wirkt, bedarf es Ihres Lobes und Ihrer Ermutigung: „Prima, du sitzt am vereinbarten Platz. Das ist der erste Schritt."

Der zweite Schritt wäre die Etablierung fester Arbeitszeiten, gegebenenfalls mithilfe des vorgeschlagenen Wochenplans (vgl. S. 48 ff.). In der Einführungsphase dieser Änderung können Sie helfen, indem Sie Ihr Kind daran gewöhnen, sich nach dem Mittagessen einen Wecker (z. B. in der Armbanduhr, im Handy oder einen richtigen) auf die geplante Anfangszeit zu stellen. Loben Sie Ihr Kind bereits dafür, dass es sich den Wecker stellt. Sprechen Sie anfangs ruhig auch Ihre Erwartung aus: „Ich finde es prima, wenn du es schaffst, dich tatsächlich an die Arbeit zu machen, sobald der Wecker klingelt." Schafft Ihr Kind das tatsächlich, braucht es wieder Ihr Lob, vor allem zu Anfang dieses Prozesses.

„Jeder lange Weg beginnt mit dem ersten Schritt", ist eine alte Weisheit, an die Sie sich jetzt wieder erinnern sollten. Genauso weise ist es, den zweiten Schritt nicht vor dem ersten zu tun und beim Hausbau erst die Fundamente fertigzustellen, bevor die Mauern hochgezogen werden. Es bedarf großer Geduld, Kindern mit Motivationsproblemen zu helfen.

4.4. Emotional positive Zuwendung

„Ach, pass doch auf!" – „Mein Gott, schon wieder so viele Fehler!" – „Kannst du nicht ein bisschen sorgfältiger schreiben?" – „Warum soll ich dich eigentlich Vokabeln abhören, wenn du sie eh noch nicht kannst?" Immer wieder rutschen einem solche Sätze heraus, wenn man sich den Hausaufgaben seines Kindes zuwendet.

Gedankenexperiment: Wie motivierend empfinden Sie Äußerungen in Bezug auf Ihre Kochkünste wie diese: „Ach, schon wieder Kartoffelsuppe." – „Wann lernst du endlich mal, vernünftig zu würzen?" – „Meine Güte, das Püree ist dir doch letzte Woche schon angebrannt!"

Aufbauend und ermutigend wirken hingegen Aussagen, die sich auf das Gelungene beziehen. Schließlich bestehen die Hausaufgaben und Lernergebnisse Ihres Kindes nicht nur aus Fehlern, sondern wahrscheinlich in viel größerem Umfang aus Richtigem. Wir sprechen aber aus Gewohnheit vorzugsweise von den Fehlern und stellen sie in den Mittelpunkt.

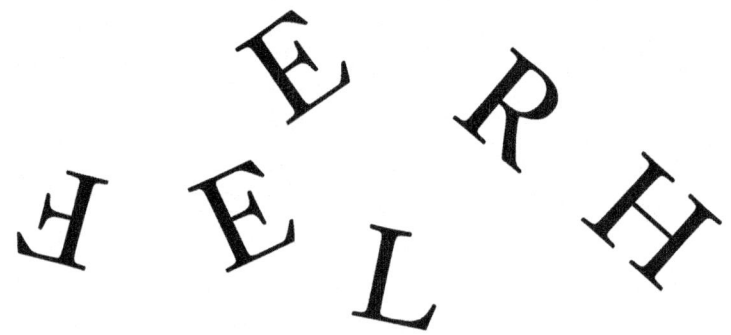

Der FEHLER
ist ein HELFER
im Lernprozess –
Er besteht sogar
aus den gleichen Buchstaben
wie dieser.

Also sollten wir versuchen umzulernen. Unser Vorbild wirkt nämlich in puncto (Um-)Lernbereitschaft wesentlich besser als alle wohlmeinenden Worte.

Es gibt einen weiteren Grund, warum wir Fehler nicht bestrafen, sondern Richtiges hervorheben sollten: **Fehler sind notwendig** für das Lernen.

„Erfahrung ist der beste Lehrmeister", weiß der Volksmund. Allerdings müssen es eigene Erfahrungen sein. „Aus Schaden wird man klug" – noch so eine Volksweisheit, die einen wahren Kern aufweist. Darum sollten wir Fehler als willkommenen Anlass für Lernerfahrungen ansehen.

Betonen Sie also das Richtige, das Positive, wenn Sie sich Ihrem Kind und seinen Hausaufgaben oder Übungen zuwenden: „Von den zehn Aufgaben sind schon acht richtig" klingt viel ermutigender als: „Mein Gott, schon wieder zwei Fehler. Kannst du denn nicht besser aufpassen?"

Emotional positive Zuwendung braucht Ihr Kind außerdem, wenn es einen schulischen Misserfolg erlitten hat. Viel zu viele Kinder haben Angst davor, zu Hause eine schlechte Note präsentieren zu müssen. Meistens fürchten sie nicht einmal eine Strafe. Die Enttäuschung im Gesicht der Eltern ist schlimm genug. Allerdings hilft es nichts, seine Enttäuschung zu überspielen; das würde Ihr Kind sicher merken. Nein, authentisch dürfen Sie ruhig sein. Sie könnten beispielsweise sagen: „Ach, da bin ich aber enttäuscht. Aber dir geht es sicher genauso. Du hattest auf eine bessere Note gehofft, stimmt's?" Sätze wie: „Eine Fünf kann ganz schön weh tun" oder „Das war bestimmt ein Schlag für dich" drücken Ihr Mitgefühl aus, während Mitleid nicht hilfreich ist. Diese Solidarität ermöglicht es Ihrem Kind am besten, seine Emotionen nach einer Weile zu überwinden und nach Gründen für den Misserfolg zu suchen. Muss ein Kind keine Vorwürfe fürchten, fällt es ihm viel leichter, die eigene Verantwortung für seinen Misserfolg (oder im positiven Falle: seinen Erfolg) zu übernehmen. „Ich weiß, dass ich nicht genug gelernt habe. Aber wenn ich mich beim nächsten Mal wieder anstrenge, klappt es auch mit der Note." Dies wäre Ausdruck eines funktionierenden Leistungsmotivs.

4.5. Kinder und Jugendliche ernst nehmen

Bis zum Alter von etwa acht Jahren lässt sich die Prozessorientierung der Kinder gut beobachten. Sie können ausdauernd Spiele spielen, bei denen kein Produkt entsteht oder jemand siegt, vorzugsweise Rollenspiele. Das Spielen an sich ist das, was sie zufriedenstellt. Sie malen kein Bild, um damit ein Kunstwerk zu schaffen, sondern weil das Malen so schön ist oder wegen der Vorfreude auf Mamas Reaktion, wenn sie das Bild bekommt.

Allzu oft sehen wir Verhaltensweisen und Lernleistungen unserer Kinder kritisch, weil wir sie an den Notwendigkeiten der Zukunft messen. Wir betrachten ihre Entwicklung mit Blick auf Ist und Soll. Wir haben vielleicht sogar konkrete Vorstellungen, was aus dem Kind werden soll – und vergessen darüber, dass unser Kind bereits ist. Auch wir selbst haben eine lange Entwicklung hinter uns. Und was wir heute sind, war in der Regel mit acht oder zehn oder sogar mit sechzehn noch nicht abzusehen.

Man kann Kinder nicht zu dem machen, was sie werden sollen – zumindest nicht ohne äußerst schädliche Nebenwirkungen. Sie entwickeln sich jedoch positiv, wenn wir die Rahmenbedingungen so gestalten, dass sie ihre Interessen und Begabungen zur Entfaltung bringen können. Sie zu akzeptieren, wie sie sind, heißt, sie mit all ihren Entwicklungsmöglichkeiten zu akzeptieren.

Das bedeutet konkret,

☞ auf Äußerungen und Fragen des Kindes einzugehen, nachzufragen, auch die eigene Meinung dazu einzubringen;

☞ seine Wünsche zur Diskussion anzunehmen, sie begründen zu lassen und sich mit ihm darüber auseinanderzusetzen;

☞ Wünsche zu erfüllen, soweit ich sie für vertretbar halte und realisieren kann, aber auch sie zurückzuweisen, wenn ich Gründe dafür habe;

☞ positive Verhaltensweisen häufig anzuerkennen und zu loben;

☞ negatives Verhalten begründet zu kritisieren, ohne das Kind dabei zu demütigen.

Kinder, die derart ernst genommen werden, erfahren Liebe, Verständnis, Zuwendung und Ermutigung zur Selbstständigkeit bei gleichzeitiger Klarheit über Regeln und Grenzen. Wer so demokratisch erzogen wird, hat nicht nur beste Chancen, sich insgesamt sehr glücklich zu fühlen und bei anderen beliebt zu sein, sondern darüber hinaus auch in der Schule und später im Erwachsenenleben Erfolge zu sammeln.

4.6. Lob und Ermutigung

Wer Schwierigkeiten in der Schule hat, gerät leicht in einen Teufelskreis von Versagen und Verzagen. Das beginnt bei schlechten Noten. Die erzeugen Frustration, Unlust und andere negative Emotionen. Das führt zu **Vermeidungsverhalten** in Form von Trödeln, Aufschieben oder Verdrängen, wie es für misserfolgsängstliche Menschen typisch ist. Daraus resultieren erneut schlechte Noten. Der Teufelskreis schließt sich, wenn das Lernverhalten nur kritisiert wird und keine Ermutigung erfolgt.

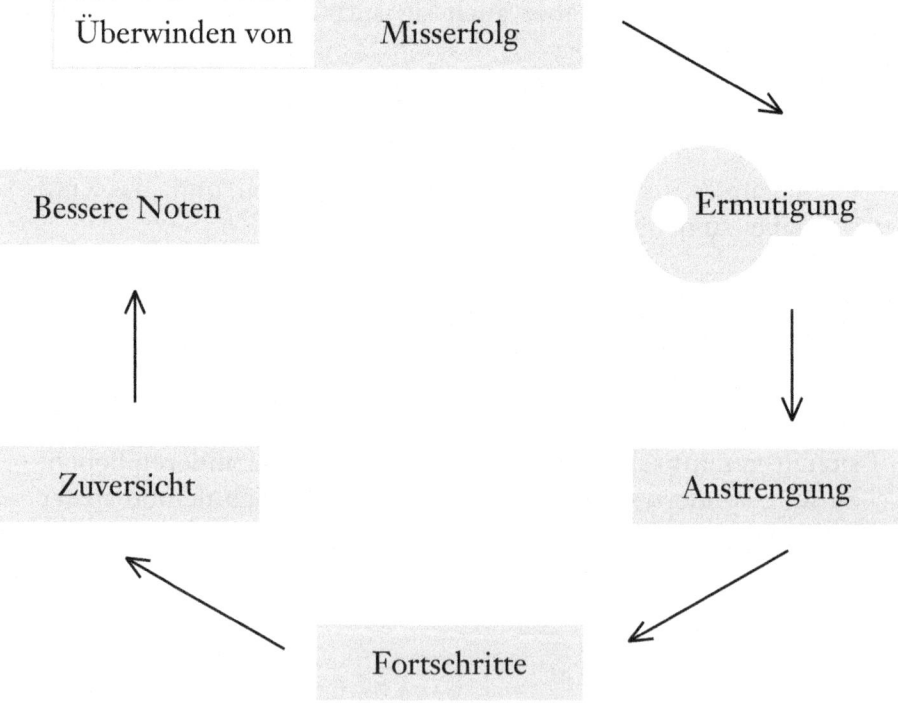

Abb. 4.2: Ermutigung – der Schlüssel zum Erfolg

Ermutigung hingegen ist der Schlüssel, um zu Erfolgen zu kommen. Natürlich reicht Ermutigung alleine nicht aus, denn vermehrte Anstrengung ohne ein besseres Gewusst-Wie garantiert noch keine besseren Noten, aber unser Kind wird so eher Lerntipps und Hilfestellungen annehmen. Allerdings erfordert unsere Ermutigung Bedacht, denn was wir ermutigend meinen, muss nicht unbedingt vom Kind so verstanden werden.

Sie sagen:	Ihr Kind versteht (und antwortet) vielleicht:
a) „Na komm, das wird schon! Du musst dich halt beim nächsten Mal einfach ein bisschen mehr ins Zeug legen."	„Ich hab mich doch angestrengt. Nie ist es dir genug, wie viel Mühe ich mir auch gebe."
b) „Jetzt spielst du eben mal eine Zeit lang nicht mehr so viel am PC, sondern lernst mehr, dann werden die kommenden Vokabeltests mit Sicherheit besser ausfallen."	„Kaum krieg ich mal eine schlechte Note, schon erpresst du mich mit meiner Lieblings-Freizeitbeschäftigung."
c) „Ach, mach dir nichts draus. Ich habe auch so manche Fünf heimgebracht und es ist trotzdem etwas aus mir geworden."	„Du hast gut reden, aber ich stecke jetzt in der Sch... Da nützt es mir gar nichts, dass du heute erfolgreich bist."

Diese Dialoge weisen auf drei Elemente der Ermutigung hin:

Zu a) Sie sollte keine versteckte Kritik enthalten, auch wenn der Hinweis auf ein bisschen mehr Fleiß berechtigt scheint.

61

Die pure Aufmunterung im ersten Satz der Äußerung hätte gereicht. Mehr noch als diese ist Verständnis hilfreich, um beim Kind selber die Erkenntnis wachsen zu lassen, dass es sich mehr anstrengen müsste. Das Kind reagiert auf der Beziehungsebene, wo Sie einen sachlichen Hinweis geben wollten. Wenn Sie nun auf Antwort a) sagen: „Jetzt hast du das Gefühl, dass ich unzufrieden mit dir bin", kann die Beziehung wieder ins Lot kommen.

Zu b) Die Ermutigung gleich mit einem konkreten Vorschlag zu verbinden ist problematisch, weil das Kind jetzt noch nicht offen dafür ist. Es wehrt ihn ab und versteht ihn als Erpressung – vielleicht auch rein prophylaktisch, um zu verhindern, dass Sie die gefürchtete Konsequenz ziehen. Auch hier geht es um die Beziehungsebene: „Wenn ich nicht so funktioniere, wie du es willst, drohst du mir mit Konsequenzen. Du akzeptierst mich also nicht, wie ich bin."

Eher Erfolg verspricht eine Formulierung wie: „Ich bin sicher, du wirst einen Weg finden, wie du das nächste Mal besser abschneiden kannst." Dass Sie dabei zu helfen bereit sind und auch konkrete Vorschläge haben, bieten Sie erst an, wenn Ihr Kind emotional wieder aufnahmebereit ist.

Zu c) Sie wollen das Problem verkleinern und ein gutes Beispiel geben. Das kann auch funktionieren, wenn das Kind etwa so antwortet: „Echt? Hätte ich nicht gedacht. Na ja, mal gucken, ob ich es dir nachmachen kann." Aber hier in Formulierung c) fühlt sich das Kind nicht ernst genommen.

Die Beispiele zeigen: Ermutigend ist nur das, was vom Kind auch so verstanden wird. Je besser es Ihnen gelingt, Ihr Kind ernst zu nehmen und ihm mit Hilfe des sogenannten aktiven Zuhörens (Thomas GORDON 2012) seine Gefühle zu spiegeln, desto eher überwindet es sie und schöpft wieder Zuversicht.

Während Ermutigung also der Schlüssel zum Erfolgskreislauf ist, dient Lob eher als Treibstoff, um ihn auf Touren zu halten. Aber auch loben kann man auf unterschiedlichste Art und Weise. Vor allem zwei Aspekte sind bedeutsam:

Nur für erbrachte Leistungen zu loben wäre grausam und ungerecht. Schließlich brauchen manche Grundschulkinder kaum zu üben und erreichen trotzdem gute Ergebnisse in ihren Tests. (Dass sich das möglicherweise später einmal rächt, wenn die Anforderungen steigen, ist ein anderes Thema.) Dagegen kann ein Legastheniker üben und üben – er hat gleichwohl die meisten Fehler. Der gute Rechtschreiber heimst also ohne Aufwand jede Menge Lob ein, während der arme Legastheniker trotz großer Anstrengungen stets leer ausgeht. Kein Wunder, dass sich gehandicapte Kinder bald selbst als nicht begabt genug erleben und sich nicht weiter anstrengen, weil das ohnehin nichts nützt.

Deshalb sollten Sie in erster Linie für die Anstrengung loben, nicht erst für das Resultat. Beispiele:

➤ „Schön, dass du an deinen Hausaufgaben sitzt. Ich weiß, wie ätzend du das eigentlich findest."

➤ „Toll, dass du bereit ist, mit mir Rechtschreibübungen zu machen, obwohl du bisher so viele Misserfolge geerntet hast."

➤ „Dass du heute schon anfängst, für die Klassenarbeit in einer Woche zu üben, ist super, genau die richtige Strategie!"

➤ „Prima, du lernst Vokabeln."

Mit dem **Lob für die Anstrengung** werden Sie wieder der Maxime gerecht, Ihr Kind bei dem zu stärken, was zwar gemeinhin als selbstverständlich gilt, es in Wirklichkeit aber gar nicht ist.

Gerade motivationsschwache Menschen, die nicht davon überzeugt sind, dass ihre Anstrengung zum Erfolg führt, brauchen viel Lob, um die Anstrengungsbereitschaft zu erhöhen, denn sie ist die Basis für Erfolg.

Wenn Ihr Kind dann auch noch ein Ziel erreicht hat, ist erst recht ein Lob fällig. Das sollte nicht nur aus einer Wertung bestehen („Das hast du gut gemacht"), sondern den Zusammenhang zwischen Erfolg und Anstrengung betonen, etwa:

➤ „Jetzt hast du alle Hausaufgaben fertig, prima! Das hast du deinem zügigen Arbeiten zu verdanken."

➤ „Alle drei Wörter schreibst du jetzt richtig, weil du dich beim Üben gut konzentriert hast."

➤ „Alle Vokabeln sitzen, da hast du aber intensiv gelernt."

➤ „Prima, das Multiplizieren von Brüchen klappt schon einwandfrei, weil du wirklich fleißig geübt hast. Jetzt kriegst du das Dividieren bis zur Arbeit auch noch hin."

Ziel der Motivationsförderung ist es grundsätzlich, die Unabhängigkeit vom Fremdlob anzustreben und dafür die Fähigkeit zu Eigenlob und realistischer Selbsteinschätzung zu entwickeln (vgl. Kap. 5.5., S. 90 ff.).

4.7. Leistungserlebnisse in der Gruppe

Nichts ist schwieriger, als eingefahrene Verhaltensweisen zu verändern. Das weiß jeder, der sogenannte schlechte Gewohnheiten etwa in Bezug auf Rauchen oder Ernährung überwinden möchte. Deswegen funktionieren solche Veränderungen meistens in Gruppen besser als allein. Das Leistungsmotiv ist ein schon sehr früh gelernter Persönlichkeitszug. Seine Veränderung fällt noch viel schwerer als die eines konkreten Verhaltens. Deswegen gilt hier umso mehr der Grundsatz: Gemeinsam sind wir stark!

Frau Reuter erzählt im Beratungsgespräch: „Erst mal will Roger überhaupt nicht anfangen. Wenn ich ihn dann nach viel Gemeckere am Tisch habe, muss er erst noch Stifte spitzen, den Hamster füttern, einen Freund anrufen, und ich weiß nicht, was noch. Er bräuchte für seine Hausaufgaben höchstens eine halbe Stunde, wenn er sich ranhalten würde. Wenn ich ihn nicht zum Arbeiten zwingen würde, dann würde er auch nichts tun, davon bin ich überzeugt."

Frau Reuter ist „überzeugt", dass Roger ohne ihren Druck nicht arbeiten würde, aber sie hat es noch nie ausprobiert. Hausaufgaben- und Lerngruppen von Schülern erleichtern es Eltern, sich zurückzunehmen. Selbst wenn in der Gruppe viel Blödsinn gemacht wird, kommt am Ende mehr dabei heraus als in der konfliktgeladenen Eltern-Kind-Situation. Lachen und gute Laune verhindern, dass sich Stress breitmacht, der immer das Denken blockiert. Im Gegenteil: Lachen und gute Laune sind die Basis für das Entstehen von Synergie, wobei man sich gegenseitig anregt und eine regelrechte Euphorie erleben kann. Außerdem: Was die Schüler in der Gruppe tun, tun sie mit Vorsatz. Deswegen ist ihre Eigenaktivität beim Denken größer als beim meist ohnehin nur vermeintlichen Mitdenken mit Mutter oder Vater.

 Wie beim Abnehmen das Motto „Selber laufen macht schlank" gilt, so gilt beim Lernen der Grundsatz: „Selber denken macht schlau." Wenn Sie als Eltern Wert darauf legen, dass der Rahmen für die häusliche Lernsituation geordnet und gut organisiert sein soll, können Sie das auch für eine Kleingruppe von zwei bis vier Schülern einrichten. Denken die Eltern der beteiligten Freunde ähnlich wie Sie, könnte die Lerngruppe sogar im wöchentlichen Turnus von Familie zu Familie wechseln, was eine große Entlastung für Sie bedeutete, denn dann hätten Sie nur jede zweite, dritte oder vierte Woche „Hausaufgaben-Dienst".

Sie werden nach der Einrichtung von Lernpartnerschaft oder Hausaufgabengruppe sehr rasch eine positive Veränderung bemerken: Sie können wieder lockerer miteinander umgehen und erleben stärkeres Vertrauen. Sollten Sie sich trotzdem gegen eine Hausaufgabenpartnerschaft oder -gruppe entscheiden, dann erwägen Sie doch bitte noch die folgende Idee, die sich in der Praxis sehr bewährt hat: Kommt es bei Hausaufgaben und Lernen immer wieder zu Konflikten zwischen Ihnen und Ihrem Kind, dann schauen Sie sich nach einer anderen Mutter bzw. einem anderen Vater um, dem es genauso geht – und tauschen Sie für diese Situation untereinander die Kinder aus.

Wer bei einem anderen Kind die Hausaufgaben betreut und dabei das eigene gut versorgt weiß, dem fällt es viel leichter, geduldig und gelassen zu bleiben. Das verhindert dauerndes Eskalieren von Konflikten, schont die Nerven und fördert den Lernerfolg. Auch das Kind ist ruhiger, gelassener und vor allem freundlicher als das eigene, denn Ihnen gegenüber muss es sich nicht so wehren wie gegenüber den eigenen Eltern. Bisher wussten Sie vielleicht noch gar nicht, dass Kinder bei den Hausaufgaben so entspannt sein können. Und außerdem werden Sie von den anderen Eltern große Komplimente zu hören bekommen, was für ein freundliches Kind Sie haben.

4.8. Stärkung der Frustrationstoleranz

Nach einem Vortrag, in dem ich erläutert habe, welche Faktoren für den Schulerfolg von Kindern wichtig sind, kommt eine Frau auf mich zu. Sie fragt: „Können Sie mir einen Tipp geben, wie ich meinem Kind rasch zu mehr Frustrationstoleranz verhelfe?"

> Frustrationstoleranz ist die nicht angeborene, aber lernbare Fähigkeit, mit Enttäuschungen umzugehen und/oder Bedürfnisse aufzuschieben, ohne in Aggression oder Depression zu verfallen.

Frustrationstoleranz steht in engem Zusammenhang mit schulischer Leistungsmotivation, weil schlechte Noten, Lehrerkritik oder der versagte Wunsch, sich vor den Hausaufgaben mit Freunden zu treffen, als Frustrationen erlebt werden. Wie wichtig sie ist, fand der amerikanische Psychologieprofessor Walter Mischel heraus. Zwischen 1968 und 1974 führte er mit vier- bis sechsjährigen Kindern Experimente zum Belohnungsaufschub durch. Er ließ sie allein an einem Tisch mit Süßigkeiten sitzen und sagte ihnen, dass sie eine größere Belohnung erhalten würden, wenn sie auf die kleine Süßigkeit so lange verzichteten. Er notierte die Zeiten und beobachtete die Techniken, mit denen die Kinder versuchten, der kleinen schnellen Belohnung zu widerstehen. Die Sensation ergab sich jedoch erst, als er zehn bis dreizehn Jahre später untersuchte, was aus den Kleinen aus seinem als „Marshmallow-Experiment" bekannt gewordenen Versuch geworden war. Dabei zeigte sich nämlich, dass die Fähigkeit zum Belohnungsaufschub im Vorschulalter in einem engeren Zusammenhang mit den späteren Schulnoten steht als beispielsweise der Intelligenzquotient.

Daniel GOLEMAN (1997) griff Mischels Erkenntnisse in seinem Buch „Emotionale Intelligenz" auf und beschreibt darin Frustrationstoleranz als wesentliche Fähigkeit zur Bewältigung des Lebens.

Heutige Kinder geben schneller auf, wenn etwas nicht klappt. Kein Wunder: Der Zeitgeist lässt uns alles wollen, und zwar gleichzeitig und sofort. Deshalb verlangt auch die Mutter aus dem obigen Beispiel nach einem raschen Tipp. Aber Frustrationstoleranz kann erst allmählich gestärkt werden, wenn sie bisher schwach ausgeprägt war. Der Weg dahin hat ganz viel mit Geduld zu tun. Wie viel Zeit lassen wir unseren Kindern? Dürfen sie in Ruhe malen, basteln und handarbeiten oder müssen sie schnelle Spiele am Gameboy spielen? Dürfen sie den Fußmarsch zur Schule trödelnd auskosten oder müssen sie sich schnell fahren lassen? Dürfen sie an ihren Hausaufgaben selber knobeln oder müssen sie sich von den Eltern helfen lassen?

Das können Sie für die Stärkung der Frustrationstoleranz tun:

➤ Bieten Sie von klein auf Gedulds- und Geschicklichkeitsspiele an: Bauklötzchen fürs Kleinkind, Schütteldosen, später Jo-Jo und Jonglage bis hin zu Modellbau oder Elektronik im Jugendalter. Solche Spiel- und Bastelmöglichkeiten fordern und fördern nicht nur Geduld und Ausdauer. Sie vermitteln auch die Erfahrung, dass Fehler normal sind und man durch Übung aus ihnen lernen kann.

➤ Spielen Sie Mensch-ärgere-dich-nicht, Monopoly, Strategiespiele ... Lassen Sie das Kind an Ihrem Verhalten erleben, dass man nicht ausflippen muss, wenn man rausgeworfen wird, Miete auf der Schlossallee mit Hotel zahlen muss oder als Gangster bei „Scotland Yard" erwischt wird.

➤ Vereinbaren Sie Regeln für begrenzte Mediennutzung, damit Ihr Kind lernt auszuwählen, anstatt wahllos und übermäßig zu konsumieren. Wer auswählt, setzt Prioritäten, trifft Entscheidungen und akzeptiert Einschränkungen.

➤ Ermuntern Sie Ihr Kind, langfristige Zielsetzungen anzustreben und durchzuhalten, beispielsweise auf ein Fahrrad zu sparen. Wer übt, Geld zumindest teilweise ins Sparschwein zu stecken, statt es gleich auszugeben, lernt den Aufschub von Bedürfnissen.

➤ Ermutigen Sie Ihr Kind, bei der Stange zu bleiben, wenn es wegen Streitigkeiten oder Unlust vorschnell ein Hobby oder eine Vereinsmitgliedschaft aufgeben will.

➤ Lassen Sie Ihr Kind bei der Wahl von Ausflugs- und Urlaubszielen seine Wünsche äußern. Beim Abwägen von Für und Wider darf es mitdiskutieren. Wenn Sie sich gegen seinen Vorschlag entscheiden, lassen Sie ihm seine Enttäuschung oder Trauer; flippt es aus, setzen Sie Grenzen. Zeigen Sie sich verständnisvoll, aber fest in Ihrem Entschluss. Ab und zu wird auch einmal der Wunsch des Kindes zum Zuge kommen, so dass es erlebt: „Auch dein Wille wird ernst genommen, aber er ist nicht das Maß aller Dinge, so wie mein Wille auch nicht."

➤ Vermeiden Sie einen schwankenden Erziehungsstil mit ständigem Hin und Her zwischen Strenge und Nachgiebigkeit. Kinder brauchen Klarheit und feste Positionen, um sich daran orientieren zu können.

DER STRESS MIT DEN HAUSAUFGABEN

Die folgenden Vorschläge stellen den Hausfrieden wieder her,
falls es mit dem häuslichen Lernen nicht klappt:

☞ Klare Vorgaben, feste Regeln:
Ihr Kind braucht einen festen Platz, an dem es ungestört
arbeiten kann, sowie eine feste Arbeitszeit mit einem über-
sichtlich geführten Wochenplan.

☞ Rituale und Routine:
Bei einem festen Ablauf werden die Arbeiten zur Routine,
z. B. mit der Einstimmung, der Planung, den eigentlichen
Hausaufgaben und dem Packen der Schultasche.

☞ Realistische Zielvorgaben:
Nichts motiviert mehr als der Erfolg. Dafür brauchen die
Kinder Vorgaben, die sie auch erfüllen können.

☞ Lob und Anerkennung:
Sie sollten in erster Linie für die Anstrengung loben, nicht
erst für das Resultat; das hilft vor allem verzagten Kindern,
die nicht mehr daran glauben, dass sie Erfolge erzielen können.

☞ Erfolg in der Hausaufgabengruppe:
Gruppen von Schülern arbeiten auch ohne Erwachsene ordentlich. Und ein Tausch der Kinder führt zur Entlastung
der Eltern, weil sie mit dem fremden Kind viel entspannter
umgehen können.

5. Die Förderung der Leistungsmotivation

Schüler empfinden viele Anforderungen als sinnlos. Wenn uns nachvollziehbare oder gar überzeugende Begründungen fehlen: Sollen wir uns dann in Lob und Belohnung flüchten?

Wer Weisungen gibt,
tut wohl;
wer Grundsätze weckt,
tut wohler;
wer Kräfte schenkt,
tut am wohlsten.

(Friedrich Rittelmeyer)

„Wozu muss ich das denn lernen? Das brauche ich doch nie im Leben!" Selbst im Berufsalltag haben viele Menschen täglich das Gefühl, sinnlose Dinge zu tun, die zumindest mit den eigenen Neigungen und Interessen nicht viel zu tun haben.

In Eltern-Workshops frage ich immer wieder: „Wie motivieren Sie sich zum Bügeln der Wäsche?" Bügeln scheint eine wenig beliebte Haushaltstätigkeit zu sein, Ausnahmen bestätigen die Regel. Die Antworten fallen meist ganz ähnlich aus:

➤ „Ich trinke erst mal eine Tasse Kaffee, und dann geht es los."

➤ „Ich belohne mich hinterher mit einer halben Stunde mit der Illustrierten auf der Couch / mit einem Kaffee / mit etwas Süßem."

➤ „Ich lege mir nebenbei eine flotte Musik auf, die mir Schwung gibt."

➤ „Ich bügele immer während des Fernsehens, dann ist es nicht so langweilig."

➤ „Meine feste Bügelzeit ist der Montagabend. Das habe ich mir so angewöhnt, das ist dann einfach so."

➤ „Ich bügele erst, wenn der Schrank leer ist / wenn meine Schwiegermutter sich angemeldet hat."

➤ „Ich stelle mir vor, wie schön das aussieht, wenn ein Stapel Hemden frisch gebügelt und gefaltet im Schrank liegt. Das gefällt mir so gut, dass ich dann gleich anfange."

Es gibt offensichtlich eine Menge Möglichkeiten, um sich für ungeliebte Tätigkeiten zu motivieren. Die meisten der genannten Strategien sind auf die Lern- und Hausaufgabensituation durchaus übertragbar, ausgenommen das Warten, bis der Schrank leer ist oder die Schwiegermutter sich ansagt. Das würde bedeuten, immer erst dann zu lernen, wenn eine Klassenarbeit ansteht oder ein Test zu erwarten ist. Die Lernforschung hat dagegen gezeigt, dass Schüler erfolgreicher sind und mehr Freude an der Schule erleben, die regelmäßig arbeiten. Sie kommen mit insgesamt weniger Arbeitszeit als „Saisonarbeiter" zu besseren Leistungen (LIPOWSKY 2004).

5.1. Angenehme Arbeitsatmosphäre

Eine angenehme Arbeitsatmosphäre wirkt sich positiv auf die Lernleistung aus. Wir Erwachsenen stellen ja auch das Foto eines lieben Menschen auf den Schreibtisch oder Blumen ans

Bürofenster. Im Zusammenhang mit Schule scheint eine angenehme Atmosphäre allerdings verpönt zu sein. Viele Menschen denken immer noch, dass geistige Arbeit nur in asketischer Haltung und purer Stille denkbar sei.

Rainer, elf Jahre, sechste Klasse Realschule, kam mit seiner Mutter zur Beratung. Er konnte sich schlecht bei den Hausaufgaben konzentrieren. Das lag jedoch weniger an ihm als an der Tatsache, dass er vom Schreibtisch in seinem Zimmer aus nachmittags immer Kinder auf der Straße spielen hörte, auch wenn die Fenster geschlossen waren. Auf mein Anraten hin versuchte er es mit Musik. Seine Mutter, die zunächst sehr skeptisch war, erzählte ein paar Wochen später begeistert, dass er seither lauthals mitsinge, aber seine Hausaufgaben zügig und einwandfrei erledigen könne. Dank der Musik hörte er die spielenden Kinder nicht mehr.

Akustische Reize können das Wohlbefinden steigern und die Konzentration stärken, wenn sie individuell richtig ausgewählt werden. Letztlich muss sich das jeder selbst ausprobieren. Harmonische, leise Hintergrundmusik, ob ein Largo aus dem Barock oder eine Kuschelrock-Ballade, kann gerade bei anspruchsvoller geistiger Tätigkeit Konzentration und Kreativität fördern. Bei wenig anspruchsvollen Routineaufgaben, die man „fast im Schlaf" erledigen kann, hilft sogar Techno oder andere Powermusik. Gerade bei den einfachsten Aufgaben passieren nämlich immer wieder Flüchtigkeitsfehler, weil man mit den Gedanken abschweift. Rhythmische Musik dagegen hebt einerseits die Stimmung und zwingt andererseits zur Konzentration gegen die Musik, so dass die Aufmerksamkeit beim Arbeiten letztlich höher sein kann als in der Stille. Aber jeder muss für sich selbst ausprobieren, ob er mit akustischen Reizen konzentrierter arbeitet oder Stille zu besseren Ergebnissen führt.

Farben tragen ebenfalls zum Wohlbefinden bei; das ist eine alte psychologische Erkenntnis. Es gibt Farben, die uns an- oder sogar aufregen, und solche, die uns beruhigen.

So können Sie mit einfachen Mitteln den häuslichen Arbeitsplatz farblich ansprechend gestalten:

➤ Schreibtischplatte mit einer selbstklebenden Folie in der Lieblingsfarbe beziehen.

➤ Ein Tonpapierplakat in der Lieblingsfarbe an die Stelle der Wand hängen, auf die der Blick fällt, wenn man vom Heft aufschaut.

➤ Dieses Plakat kreisrund zuschneiden, was die Zentrierung in Denkpausen fördert.

➤ Bücher und Hefte in der Lieblingsfarbe einbinden, sofern die Wahl der Farbe freigestellt ist.

Vorsicht empfehle ich allerdings, wenn sich ein Schüler Motivtapeten oder Heftumschläge mit Fotomotiven wünscht. Sobald Comics, Starfotos und Ähnliches den Blick anziehen, lösen sie Assoziationen aus und lenken damit die Gedanken ab. Motivation und Konzentration brauchen normalerweise keine schrillen Reize, sondern harmonische.

Insofern ist die Vorliebe so mancher Hausfrau, beim Fernsehen zu bügeln, als Motivationstrick auf Hausaufgaben und Lernen nicht übertragbar. Die intensiven audiovisuellen Reize (auch aus dem Internet) lenken ab und überlagern das Lernen. Deshalb sind sie nicht als Belohnung für fleißiges Lernen geeignet, zumindest nicht direkt danach: Je näher die Bildschirmnutzung auf die Lernaktivität folgt, desto eher löscht sie Gelerntes.

Düfte (olfaktorische) und Geschmacksempfindungen (gustatorische Reize) tragen wesentlich zur Verbesserung von Atmosphäre und Laune bei. Neben den zu meiner Jugendzeit populären Räucherstäbchen und -kegeln gibt es ätherische Öle in Duftlämpchen oder auf Duftsteinen, Blüten- und Kräutersäckchen, Duftsprays sowie frische Blumen und Gewürze.

Wenn mir die Hausaufgabe nicht schmeckt oder die Fünf in Mathe bitter ist, mir andererseits ein Lob runtergeht wie Öl, dann spricht das für meine gustatorische Neigung. Um sich das Leben zu versüßen, muss man nicht immer Zucker konsumieren. Ein Tee mit süßlichem Vanille- oder Karamellaroma reicht normalerweise aus. Auch ein Bonbon oder ein Stück Schokolade hilft, wenn sie nicht zur Dauerbegleitung werden. Süße Fruchtnektare, Limo, Cola oder Sportgetränke hingegen stecken voller Zucker und chemischer Zusatzstoffe und bergen gesundheitliche Risiken. Selbst natürliche Fruchtsäfte sind nur in geringen Mengen unbedenklich. Wer würde schon vier Orangen auf einmal essen? So viele sind in einem normalen Glas Saft enthalten. Ein zuckerfreier Kaugummi kann sich nicht nur geschmacklich positiv auswirken, sondern er fördert gleichzeitig motorischen Spannungsabbau.

Unbedingt sollten Sie Bewegungsmangel und Verspannungen durch zu viel Sitzen vermeiden. Die alte Maxime „Sitz still, wenn du dich konzentrieren willst" ist aus neurologischer und orthopädischer Sicht überholt. „Sitz dynamisch!", heißt es heute. Das bedeutet praktisch:

Wer viel sitzen muss, sollte häufiger die Sitzhaltung verändern. Warum nicht mal seitlich oder rittlings auf dem Stuhl sitzen? Sitzball oder Luftpolsterkissen unterstützen das dynamische Sitzen, weil man sich darauf bewegen kann und nebenbei den Steiß massiert. Gleichzeitig stehen die Füße fest auf dem Boden auf, und der Rücken wird automatisch gerader gehalten. Ein Luftpolsterkissen hat gegenüber dem Sitzball den Vorteil, dass man sich zwischendurch an die Stuhllehne anlehnen und den Rücken entspannen kann.

Probieren Sie Alternativen zum Sitzen aus: mündliches Lernen in Bewegung und Schreiben auch im Stehen (das Bügelbrett ist ein taugliches provisorisches Stehpult) oder Liegen.

5.2. Lernen in Bewegung

Motivation und Konzentration hängen sehr eng miteinander zusammen. Im Beratungsgespräch erzählt Frau F. von einer zufälligen Erkenntnis. Ihr Sohn Andreas, 3. Schuljahr, sollte die Siebenerreihe des Einmaleins lernen. Doch so sehr sich Mutter und Kind auch anstrengten, die Reihe wollte nicht in den Kopf hinein. Schließlich gab Frau F. entnervt auf: „Komm, jetzt lassen wir es erst einmal. Geh raus und dreh mal ein paar Runden mit deinem Fahrrad!" Nach einer halben Stunde kam Andreas wieder und rief fröhlich: „Mama, ich kann's jetzt!"

Dieses Beispiel macht deutlich: In solchen Momenten verstärkt jeder Druck, jeder Appell („Jetzt reiß dich doch mal zusammen!") den Stress und damit die Blockierung des Frontalhirns. Schüler können ganz unterschiedliche Situationen als Stress empfinden. Frau F. hätte sicher nicht gedacht, dass sie mit ihrem freundlich-konsequenten Üben eine Stressreaktion auslösen würde. Andreas empfindet möglicherweise grundsätzlich Stress beim Rechnen, weil das nicht seine starke Seite ist – verständlich, dass er dann das Rechnen meidet. Seine fehlende Motivation wird ihm leicht als fehlender Wille zur Anstrengung ausgelegt. Dabei ist sie eher Ausdruck der Erfahrung, dass seine Anstrengung sowieso nichts nützt.

Einige Beispiele für Lernen in Bewegung:

➤ Andreas kann mit seiner Mutter das Einmaleins üben, indem sie ihm mit der Aufgabe „3 x 7" einen Softball zuwirft. Er fängt ihn und wirft ihn mit der Antwort „21" zurück. Dabei kommt nicht nur Bewegung ins Spiel, sondern auch gute Laune, denn es wird viel gelacht werden, vor allem dann, wenn einer mal den Ball nicht fängt oder sich eine kleine Softballschlacht entwickelt.

➤ Natürlich lassen sich auch Vokabeln, Jahreszahlen oder andere Paukinhalte auf diese Weise abfragen.

➤ Sowohl das Lesenlernen in den ersten Schuljahren als auch später das Lesen von Sachtexten funktionieren häufig im Gehen besser als im Sitzen. Zwischendurch gelegentlich den Kopf zu heben und das Gelesene mit eigenen Worten zu wiederholen hilft, die Inhalte im Gedächtnis zu speichern.

➤ Schüler machen sich im Unterricht mit einem neuen Fremdsprachentext vertraut, indem sie ihn erst für sich, dann laut lesen, während sie auf dem Schulhof spazieren gehen. Zusätzliche Unterstützung bietet das gleichzeitige Hören des Textes über iPod oder MP3-Player.

➤ Ein Gedicht lässt sich sinnvollerweise mit Gesten aufsagen. Armbewegungen verbessern die Atmung und in der Folge die Versorgung des Gehirns mit Sauerstoff. Außerdem führen sie zu mehr Ausdruck in der Stimme.

5.3. Mehrkanaliges Lernen

Wenn ein Gedicht beim Aufsagen mit Gesten begleitet wird, kommt noch ein weiterer Aspekt dazu: Die Bewegung funktioniert als „Eselsbrücke" für den Lerninhalt wie beispielsweise in Mörikes Gedicht „Er ist's":

> Frühling lässt sein blaues Band
> *(beide Hände deuten ein breites Stoffband an)*
>
> wieder flattern durch die Lüfte
> *(eine Hand vollzieht eine Flatterbewegung)*,
>
> süße, wohlbekannte Düfte
> *(eine Hand fächelt Luft zur Nase hin, verzücktes Gesicht)*
>
> streifen ahnungsvoll das Land
> *(ausbreitende Bewegung mit beiden Armen)*.

Zum reinen Auswendiglernen des Textes (kognitiver Kanal) kommen also bedeutungsvolle Bewegungen hinzu (motorischer Kanal). Darum spricht man bei solchen Methoden von mehr- oder multikanaligem Lernen. Sie verhelfen zu besseren Lernerfolgen und damit natürlich auch zu größerer Motivation.

Die von mir entwickelte „Schubs®-Methode" für das Rechtschreibtraining (TRÄBERT 2004) ist ein solcher Ansatz: Die Schüler üben ein Wort nicht nur durch Schreiben, sondern auch durch rückwärts abbauendes Lesen, durch Schreiben mit dem Finger auf den Tisch und an die Wand oder durch Schreiben mit dem so genannten Nasenpinsel an die Zimmerdecke bei gleichzeitigem Buchstabieren sowie durch weitere Techniken.

Das Lernen von Vokabeln kann mit multikanaligen Vorgehensweisen hoch effizient erfolgen, beispielsweise so:

1. Die zu lernenden Vokabeln teile ich in Päckchen von acht bis maximal zehn Wörtern ein. Diese lese ich laut und mehrmals nach diesem Muster: cat – Katze; Katze – cat. Das tue ich am besten im Gehen. Bei schönem Wetter lerne ich auch im Freien. Zwischen den Vokabelpäckchen lege ich eine Pause ein oder arbeite an etwas ganz anderem, z. B. Mathematik.

2. Anschließend frage ich mich selbst – wieder laut sprechend – die Vokabeln mit der Abdecktechnik ab. Dabei schiebe ich zwei Zettel von oben nach unten über die Vokabelspalten. Wenn der eine „cat" freigibt, bedeckt der andere noch „Katze", so dass ich merke, ob ich die Vokabel schon kann. Weiß ich sie nicht, lese ich sie wieder mehrmals laut nach dem Muster „cat – Katze; Katze – cat" und schreibe sie außerdem auf eine Lernkartei-Karte (am besten im Format DIN A7): vorne Fremdsprache, hinten Deutsch.

3. Abends, z. B. vor dem Schlafen, wiederhole ich mit der Abdecktechnik alle Vokabeln, die ich heute lernen musste. Auch die heute angelegten Karteikarten frage ich mich einmal ab. Wieder spreche ich dabei die Wörter laut aus.

4. Wenn ich im Unterricht oder bei den Hausaufgaben auf eine Vokabel stoße, die ich nicht weiß, notiere ich sie konsequent auf einer Karteikarte. Eine kleine Zeichnung, ein Reimwort oder ein Beispielsatz auf der Karte helfen mir, mich an die Wörter zu erinnern. Pro Fremdsprache arbeite ich jeden Tag fünf Minuten mit meiner Lernkartei. Die Reihenfolge der Wörter mische ich kreuz und quer. Mal frage ich mich Deutsch-Englisch und mal Englisch-Deutsch ab. Wenn ich ein Wort auf Anhieb weiß, markiere ich mit dem Bleistift ein Zeichen oben am Rand (Strich, Kreuz oder

Smiley). Wenn ich ein Wort nicht weiß, bekommt es kein Zeichen. Weiß ich ein Wort nicht, das schon ein oder mehrere Zeichen hat, muss ich sie alle wieder wegradieren und die Karte fängt erneut bei Null an. Wenn eine Karte aber fünf Zeichen erreicht hat, kann ich mich freuen und sie aussortieren.

5. Ein paar wenige Wörter wollen trotz dieser ausgeklügelten Strategie nicht im Gedächtnis bleiben. Wenn ich schon dreimal auf einer Karte Zeichen wegradieren musste, wende ich einen Trick an: Ich schreibe mir dieses eine Wort ganz groß auf ein Zeichenblockblatt und male etwas dazu oder klebe ein Bild aus der Zeitung auf, das mit dem Wort zu tun hat. Dieses Plakat hänge ich mir an eine Stelle, auf die ich täglich mehrmals schaue. Das kann eine Pinnwand sein, aber natürlich ist auch die Innenseite der Toilettentür geeignet.
Nach einer Woche hänge ich das Plakat wieder ab und stecke die Karteikarte in die Lernkartei zurück. Meistens schaffe ich es jetzt ohne Problem bis zum fünften Zeichen.

6. Wenn dieser Trick noch nicht ausreichen sollte, gibt es noch eine weitere Möglichkeit: Ich lege eine zweite Karteikarte mit dem Wort an einen Platz, wo sie mir passend erscheint. „Cat" beispielsweise würde ich in ein Körbchen vor den Heizkörper und „referee" zu den Sportsachen in den Kleiderschrank legen. Beim Arbeiten mit der Lernkartei fällt mir ein, wo ich die Karte hingelegt habe und warum, und dann fällt mir auch die Bedeutung wieder ein.

Solche Vorgehensweisen sind abwechslungsreicher als traditionelle Paukmethoden. Lernen kann tatsächlich Spaß machen, wenn es interessant ist und erfolgreich abläuft. Dann wird Motivation zum Selbstläufer.

5.4. Einsatz von Belohnungen

„Der Fortschritt im Wissen und Können war Lohn genug." Erinnern Sie sich an diesen Satz (S. 30)? Für die Lakota-Indianer gab es keine Notwendigkeit, Lernen zu belohnen, weil der Erfolg allein als Verstärkung ausreichte. Bei uns dagegen sind Belohnungen gang und gäbe. So manche Mutter lockt: „Komm, Tobi, wenn du in einer Viertelstunde mit den Hausaufgaben fertig bist, darfst du dir ein Eis kaufen." Zwei Schülerinnen vergleichen: „Ich kriege für jede ‚1' zwei Euro, für jede ‚2' einen und für jede ‚3' 50 Cent. Und du?" Die Lehrerin verspricht: „Wer bei der Stillarbeit wirklich still und fleißig arbeitet, bekommt einen Hausaufgabengutschein."

Manche Kinder sind an derartige Belohnungen so sehr gewöhnt, dass sie bei jedem Auftrag stereotyp fragen: „Was krieg ich dafür?" Einmal zeigte mir ein Schüler (6. Klasse) am Ende einer Unterrichtsstunde ein Bild, das er zusätzlich gemalt hatte. „Bekomme ich dafür eine Note?", fragte er mich. Als ich das spontan verneinte, knüllte er sein wirklich schönes Werk zusammen und warf es in den Papierkorb. Der inflationsartige Einsatz von Belohnungen entwertet die eigentliche Leistung, weil nicht mehr die Freude am Ergebnis selbst oder „der Fortschritt im Wissen und Können" zählen, sondern nur der Tauschwert.

Frau K. ist alleinerziehende Mutter zweier Kinder. Seit das ältere in der Schule ist, feiern sie das Versetzungszeugnis mit einem gemeinsamen Essen in der Pizzeria. Inzwischen sind die Kinder schon 13 und 11, aber dieses Ritual wird weiter gepflegt. Welche Noten in den Zeugnissen stehen, spielt keine Rolle. Die Kinder haben ihre Verpflichtungen als Schüler wieder einmal ein Jahr lang erfüllt, das ist Grund genug zum Feiern.

Was Frau K. mit ihren Kindern praktiziert, ist unter dem Gesichtspunkt der Motivationsförderung sinnvoll. Die eigentlich normale Lernanstrengung würde durch systematisches Belohnen zu einer käuflichen Dienstleistung. Was aber, wenn der Dienstleister keine Lust mehr hat, weil die Belohnung ihren Reiz verloren hat? Dann haben die Eltern ein Problem, aber nicht das Schulkind.

Eine Mutter fragte mich nach einem Elternvortrag über Motivation, was sie mit ihrem Elfjährigen machen solle. Der habe einfach keine Lust auf Hausaufgaben, sondern gehe stattdessen lieber raus, spielen. Ob ich eine Belohnung wisse, die bei einem Fünftklässler „ziehen" könnte.

Diese Mutter ist in großer Not, weil der Junge seine Rolle als Schüler nicht verinnerlicht hat. Offenbar hat er bisher nicht erfahren, dass er seine häuslichen Lernpflichten **selbstverständlich** zu erfüllen hat. Nun hat die Mutter keine Währung zur Verfügung, um ihn zur „Dienstleistung" zu veranlassen. Das Motiv der Anstrengungsbereitschaft, die Freude am (zu erwartenden) Erfolg und das Bewusstsein, durch eigene Anstrengung zum Erfolg kommen zu können, lassen sich eben nicht durch Belohnungen erzeugen.

Manchmal gibt es Umstände, die Kindern die Lust auf Schule nehmen, obwohl fast alle Schulanfänger diese Lust haben. Dann müssen wir als Eltern gegensteuern und die Rahmenbedingungen schaffen, die das selbstverständliche häusliche Lernen erleichtern: einen festen Arbeitsplatz, die feste Arbeitszeit, einen ritualisierten Hausaufgabenablauf und all die Dinge, die ich ab S. 44 beschrieben habe.

Wir sollten aber auch im gemeinsamen Gespräch (Eltern, Kind, Lehrer) zu klären versuchen, was denn aufseiten der Schule die

Unlust ausmachen könnte: Fühlt sich das Kind im Klassenverband nicht wohl? Gibt es Spannungen mit Klassenkameraden oder Lehrkräften? Wie beobachtet die Lehrerin die Motivation des Kindes? Scheint es sich unter besonderem Erfolgs- oder Perfektionsdruck zu fühlen? Gibt es schnell bei kleinen Misserfolgen auf? Lachen andere Kinder in der Klasse, wenn ein Mitschüler etwas Falsches sagt? Gilt es in der Klasse als schick, schlechte Noten zu schreiben? Werden erfolgreiche Schüler als Streber diffamiert?

Wenn die schulischen Probleme geklärt sind, sollte über die ganz konkreten Erwartungen der Lehrer an das häusliche Lernen geredet werden. Sprechen Sie offen Ihre Möglichkeiten und Grenzen bei der Umsetzung an. Eltern als Hausaufgabenkontrolleure sind meistens keine gute Lösung, aber die Rahmenbedingungen zu organisieren und manchmal auch beim Einhalten von Vereinbarungen zu helfen – das ist drin.

Theresa, Klasse 8 Realschule, ist 14 und hat nur noch wenig Bock auf Schule. Sie ist nicht unbegabt, aber in Englisch vernachlässigt sie seit Jahren die Vokabeln. Das regelmäßige Pauken schmeckt ihr einfach nicht. Sie galt bald als „faul", geriet ständig mit ihren Lehrern aneinander und war dadurch noch weniger zum Lernen bereit. Hilfe fand sie „uncool", aber eigene Mittel zur Veränderung der Situation standen ihr auch nicht zur Verfügung.
Die Eltern gingen schließlich (zunächst) gegen ihren Willen mit ihr zur Beratungslehrerin und vereinbarten nach einigen Gesprächen, was in einem Lernvertrag festgeschrieben wurde:

1. Theresa nimmt an einem Kurs „Methodentraining" teil, den die Beratungslehrerin über acht Wochen hinweg für eine kleine Gruppe anbietet. Damit wird sie effektiver selbstständig lernen können.

2. Theresa erklärt sich bereit, ihre Vokabeldefizite nach der oben beschriebenen Methode (S. 79 f.) mit einem zeitlichen Aufwand von täglich fünf Minuten anzugehen. Ihr Vater ist bereit, das Vokabeltraining zu begleiten, Wörter abzuhören und seiner Tochter regelmäßig zu bestätigen, was sie inzwischen kann.

3. Die Eltern erlauben Theresa, ihre Hausaufgaben gemeinsam mit einer Freundin zu erledigen.

4. Die Beratungslehrerin wirkt auf den Klassenlehrer ein, dem Mädchen möglichst täglich eine Hausaufgabenrückmeldung ins Heft zu stempeln, sodass die Eltern informiert sind. Außerdem ist er bereit, bei Bedarf alle 14 Tage zu einer bestimmten Zeit für ein Telefonat mit den Eltern zur Verfügung zu stehen.

5. Die Eltern und Theresa verpflichten sich, jeden Freitagabend eine Familienkonferenz abzuhalten und darüber zu sprechen, wie die Woche hinsichtlich Schule aus ihren jeweils unterschiedlichen Blickwinkeln erlebt wurde.

6. Verlief die Woche schulisch insgesamt zufriedenstellend, bekommt das Mädchen einen Big Point. Für gute mündliche Noten, Tests und Klassenarbeiten und sonstige positive Aktionen von Anastasia können die Eltern Teilpunkte vergeben. Vier Teilpunkte ergeben einen Big Point. Bei 15 Big Points erklären sich die Eltern bereit, den Mofaführerschein zu finanzieren. Da es noch 18 Wochen bis zum Versetzungszeugnis sind, kann Theresa das gut schaffen.

Dieses Vorgehen ist nicht ideal, aber realistisch. Wenn Kinder und vor allem Jugendliche sich vergaloppieren, brauchen sie Eltern, die die Zügel in die Hand nehmen. Theresas Eltern haben das getan und die Beratung auch gegen den Willen des Mädchens aufgesucht. Weil sie das entschieden und gleichzeitig warmherzig taten, war das richtig. Sie fanden aber auch einige günstige Faktoren vor: An der Schule gibt es einen speziell ausgebildeten Beratungslehrer, was leider nicht überall selbstverständlich ist. Unsere Schulen brauchen dringend mehr solcher Fachleute.

Beratungslehrer können bei Lern- und Leistungsproblemen, aber auch bei Verhaltensauffälligkeiten oder Schullaufbahnfragen helfen. Sie arbeiten im Vorfeld des Schulpsychologischen Dienstes und kooperieren eng mit ihm. Ob sie einen Kurs zum Methodentraining anbieten, liegt in ihrem Ermessen und hängt nicht zuletzt vom Bedarf sowie von den zeitlichen Möglichkeiten ab.
Auch die Beratung beim Schulpsychologischen Dienst kostet nichts. Wo solche Angebote fehlen, bleibt die Hilfestellung durch einen frei praktizierenden Lerntherapeuten, der allerdings privat bezahlt werden muss (vgl. KLEIN/TRÄBERT 2009, S. 171 ff.).

Da Theresas Lernprobleme beim Vokabellernen begonnen hatten, wird dort angesetzt. Problematisch kann es werden, wenn die Defizite schon sehr groß und rasche Fortschritte damit unwahrscheinlich sind. Schnelle erste Erfolge verstärken jedoch die Motivation besonders gut. Gerade beim Vokabellernen kommt man aber auch schon mit wenig Anstrengung zu kleinen Erfolgserlebnissen. Da der Vater die Aufgabe der Lernbegleitung übernimmt und sein Augenmerk bewusst auf positive Rückmeldungen legen will, sind die Erfolgsaussichten gut.

Die Mutter konnte Theresa bisher nicht loslassen. Ihr Kontrollbedürfnis führt seit einiger Zeit vermehrt zu Konflikten. Deshalb empfindet es die Tochter als echten Fortschritt, dass sie jetzt die Hausaufgaben mit der Freundin machen darf. Die entlastete Situation bietet gute Chancen auf die Entwicklung einer besseren Lerndisziplin, zumal das Methodentraining Handwerkszeug dafür vermittelt.

Die zentrale Rolle bei der Entwicklung von mehr **Selbstverantwortung** spielen die Lehrer. Sie stellen die Aufgaben, sie müssen sie auch kontrollieren. Eine zeitnahe und inhaltlich aussagekräftige Rückmeldung, möglichst auch noch mit methodischen Hinweisen verknüpft, hat die positivsten Auswirkungen auf die Lern- und Hausaufgabendisziplin einer Klasse (vgl. LIPOWSKY 2004). Deshalb sind Absprachen mit dem Klassenlehrer und gegebenenfalls auch den Fachlehrkräften so wichtig.

Ins Heft eingetragene oder auch gestempelte Vermerke dienen vor allem der Information der Eltern. Zusätzlich können sie den Lehrer regelmäßig anrufen.

Eine besondere Rolle spielt die wöchentliche Familienkonferenz zum Thema „Schulwoche". Die Familie lernt, sich regelmäßig und zunehmend selbstverständlich über ein Thema zu verständigen, dass letztlich alle berührt, weil es das Familienklima beeinflusst. Theresa erfährt: Sie persönlich und ihr schulisches Leben sind den Eltern so wichtig, dass sie sich regelmäßig Zeit für sie nehmen. Die Eltern lernen nach und nach, nicht nur die Noten ihrer Tochter zu sehen, sondern sich in ihre Sicht von Schule einzufühlen. Im Gespräch über schulische Probleme gibt es weniger Vorwürfe, es werden eher Lösungen gesucht.

Die vereinbarte Belohnung, der Mofaführerschein, stellt für Theresa einen starken Anreiz dar. Dabei spielt weniger das Geld eine Rolle, das sie sich sogar schon gespart hat. Viel wichtiger ist ihr, dass die Eltern diesen Schritt in Richtung mehr Autonomie aktiv unterstützen.

Ungewöhnlich als Belohnung mögen die Teilpunkte erscheinen, die die Eltern vergeben können, aber nicht müssen. Das klingt nach möglicher Willkür, dient hier jedoch dazu, den Prozess flexibler zu steuern. Auch für eine Vierzehnjährige sind viereinhalb Monate eine lange Zeit. Deshalb helfen, vor allem in der Anfangsphase, kleine Zwischenbelohnungen, die schneller als der wöchentlich mögliche Big Point Erfolgsgefühle vermitteln, noch dazu, weil sie auch schon bei einer positiven Anstrengung vergeben werden.

Die Teilpunkte dienen außerdem dem Ausgleich bei einem ausbleibenden Big Point, wenn eine Schulwoche mal nicht so wie eigentlich abgesprochen verlaufen ist. Solche Erfahrungen muss Theresa auch machen können, denn hätte sie das Gefühl, die Belohnung würde ihr geschenkt, würde sie nichts für ihre Motivation lernen. Zu schwierig darf das Erreichen des großen Ziels jedoch auch nicht sein, damit sich nicht wieder die alte Haltung einstellt: „Ich schaffe es ja doch nicht, so gut zu sein, wie ich soll – dann kann ich es auch gleich lassen."

Dass Belohnungen auch zu **unerwünschten Ergebnissen** führen können, zeigt das folgende Beispiel:

Ein Vater kam mit seinem Sohn in meine Beratung. Der Junge hatte im dritten Schuljahr zum ersten Mal ein benotetes Diktat geschrieben und eine Fünf bekommen. Bis dahin war dem Vater nicht bewusst gewesen, dass sein Sohn Übungsbedarf im Rechtschreiben hatte. Als erste Reaktion versprach er ihm ein Mountainbike, wenn er bis zum Schuljahresende im Rechtschreiben eine Drei erreichen würde. Anfangs war der Junge natürlich begeistert, aber schon nach ein paar Tagen war er nicht weiter zum Üben zu motivieren.

Die attraktive Belohnung wirkte nicht wie erhofft, sondern erhöhte den Druck und verstärkte die Verzweiflung. Der Junge bekam ja keine Hilfestellung durch eine Übungsform, mit der er erfolgreicher werden konnte. Erst wenn ein Schüler erlebt, dass seine Anstrengung auch zum Erfolg führt, kann seine Überzeugung wachsen, dass sie der Schlüssel zum positiven Resultat ist. Bei Theresa gelang das mithilfe des Methodentrainings und des vom Vater begleiteten Vokabelübens. Zusätzlich fehlten dem Jungen die kleinen, schnellen Belohnungen am Anfang.

Belohnungen können vom Kind auch als Hinweis verstanden werden, dass den Eltern nichts an ihm, sondern nur an seiner Leistung liegt: „Es geht euch nicht um mich, sondern nur um meine Noten, und die wollt ihr euch mit der Belohnung erkaufen." Das gilt insbesondere bei Geld- oder Sachprämien. Theresa wurde vor allem mit der Akzeptanz der Eltern für den Mofaführerschein belohnt, erst danach kam das Geld dafür. Zudem gab es ein Gesamtkonzept mit Gesprächen und Hilfestellungen.

Der Einsatz von Belohnungen an sich ist also keine Methode der Motivation. Wer sie dennoch so versteht, möchte letztlich nur manipulieren, möchte erreichen, dass das Kind endlich will, was es soll. Wenn ich jedoch einem Schüler Hilfestellung biete, ihn ernst nehme, mich einfühle und Verständnis zeige, ihn in eine neue Richtung lenke, ohne ihm die Souveränität zu rauben, dann können Belohnungen als Verstärker für einen Veränderungsprozess wirken.

> Man kann den Hund
> nicht zum Jagen tragen.
> (Deutsches Sprichwort)

Entscheidend ist die Akzeptanz der kindlichen Persönlichkeit und seiner Motive. Eine **Motivierung** gegen den Willen des Betroffenen ist letztlich nicht möglich; ich muss ihn zu gewinnen suchen.

Welche Verstärker besonders günstig sind, können Sie im gemeinsamen Gespräch herausfinden. Der folgende Fragebogen bietet Anregungen dafür:

Fragebogen zu meiner Belohnung

1. Welche Kleinigkeiten lasse ich mir gern schenken?
   _____

2. Was würde ich mir kaufen, wenn ich € 5,– / € 10,– / € 50,– so nebenbei ausgeben könnte?
   _____

3. Welche Dinge sind für mich wichtig?
   _____

4. Was sind meine Hobbys?
   _____

5. Mit welchen Menschen bin ich gerne zusammen?
   _____

6. Was unternehme ich gerne mit ihnen?
   _____

7. Was tue ich, um zu entspannen?
   _____

8. Was tue ich, um mich zu amüsieren?
   _____

9. Was gibt mir das Gefühl, dass es mir gut geht?
   _____

10. Was von den täglichen Handlungen würde ich sehr ungern aufgeben?

_____

11. Was tue ich üblicherweise, anstatt zu arbeiten?

_____

12. Was würde ich sehr ungern aufgeben / verlieren?

_____

Sollten Sie die Motivation Ihres Kindes mit Belohnungen nicht beeinflussen können und sich Sorgen machen, weil seine schulische Entwicklung ernsthaft beeinträchtigt ist, dann scheuen Sie sich nicht, die Beratung beim Schulpsychologischen Dienst (Adressen unter www.schulpsychologie.de) oder einer Psychologischen Beratungsstelle für Eltern, Kinder und Jugendliche (Erziehungsberatungsstelle, Adressen unter www.bke.de) in Anspruch zu nehmen. Vom Einsatz eines verhaltenstherapeutischen Verstärkerprogramms mit „Tokens" und systematischen Plänen ohne die professionelle Begleitung eines kompetenten Beraters rate ich ab, denn Fehler bei der Verhaltensmodifikation können unerwünschtes Verhalten extrem verfestigen.

5.5. Selbstbelohnung und Eigenermutigung

Belohnungen sind Krücken, Hilfsmittel, um das Gehen wieder neu zu lernen. Wer in diesem „Reha-Prozess" schon ein Stück vorangekommen ist, kann sich auch selbst belohnen (wie mit der Tasse Kaffee fürs Bügeln): mit Schwimmen oder Fußballspielen, die Clique treffen oder eine Freundin anrufen, Musik

hören oder lesen, mit einem speziellen Getränk oder einer Süßigkeit, die man sich nur zu besonderen Anlässen gönnt.

All das kann ich im Alltag sowieso haben. Es hängt von meiner Einstellung ab, ob ich es zur Belohnung erhebe. Während
Mutters Vorgabe „Du gehst erst raus spielen, wenn du deine
Hausaufgaben ordentlich erledigt hast" von außen bestimmt ist
und Widerstand herausfordert, ist der Gedanke „Jetzt mache
ich erst die Hausis und gehe dann zur Belohnung raus spielen"
aktivierend, weil ich mir das Spielen durch vorheriges Arbeiten
verdient habe.

Da die Selbstüberwindung Kindern nicht immer leichtfällt,
braucht es gelegentlich eine Ermutigung. Auch dafür können
Schüler selbst sorgen, indem sie sich ein entsprechendes Motto als
Plakat an die Wand hängen, als Merkzettel auf den Schreibtisch
oder als Zettel ins Federmäppchen legen. Die folgenden Beispiele können als Anregung für eigene Ermutigungen dienen.

> Ist Mathe erst einmal getan,
> fühlt sich der Tag viel besser an.

So wie sich manch ein Erwachsener mit der Vorstellung des hinterher blitzblanken Badezimmers zum lästigen Putzen motiviert,
können Schüler sich damit für ungeliebte Hausaufgaben motivieren – das Fach ist natürlich austauschbar. Wer es sich abgewöh-
nen will, immer gleich bei Hausaufgabenproblemen zu fragen,
und stattdessen lieber selbst weiterknobeln möchte, kann sich so
ermutigen:

> Selber denken
> macht schlau!

Gerade unrealistische Traumfantasien von einer Zukunft als Model, Pop- oder Fußballstar verhindern, dass man sich jetzt Mühe gibt. Der Traum ist verlockender als die Wirklichkeit. Das folgende Motto hilft, sich der Wirklichkeit zu stellen:

> Manche träumen vom Erfolg.
>
> Ich bin wach
> und arbeite daran.

Wer gelernt hat, dass Fehler etwas Negatives sind, kommentiert sie möglicherweise mit Sätzen wie „Ach, bin ich blöd" oder „Ich glaub, ich lern es nie". Das folgende Motto hingegen betont die positive Rolle von Fehlern:

> Fehler? Kein Problem:
>
> Erfahrung ist das Ergebnis
> von gemachten und
> selbst überwundenen Fehlern!

Auch wer in der Schule nur körperlich anwesend ist, steht sich selbst im Weg. Wenn man ohnehin da ist, dann könnte man die Zeit auch nutzen – und damit für das häusliche Arbeiten Zeit einsparen. Zur Erinnerung dient dann dieser Spruch:

> Mach ich im Unterricht gut mit,
> dann bin ich in der Schule fit.

Und wer die Hausaufgaben sorgfältig aufgeschrieben hat, braucht nachmittags nicht erst herumzutelefonieren, um sich Klarheit über das Pensum zu verschaffen.

> *Hausaufgaben gut notiert,*
> *dann läuft's zu Hause wie geschmiert!*

Ganz besonders dringend braucht eine Ermutigung, wer in Panik gerät, weil der Stress Gedächtnis und Denkvermögen blockiert („Oh Gott, jetzt fällt mir schon wieder nichts mehr ein. Noch eine Fünf, und ich bin weg vom Fenster.") Da hilft ein Merksatz wie dieser:

> *STOPP mit dummen Gedanken!*
> *Ich nehme mich zusammen*
> *und versuche mein Bestes –*
> *der Rest ergibt sich von selbst.*

Anschließend dreimal tief durchatmen und einen neuen Anlauf nehmen, dann gibt es eine gute Chance auf Erfolg.

5.6. Selbstreflexion des Arbeitsprozesses

Wer für sich kein Ziel sieht und keine Erwartung an seine Leistungen hat, findet nur schwerlich Motivation. „Ich weiß, dass ich zum Erfolg komme, wenn ich mich anstrenge" – dieser Grundgedanke leistungsmotivierter Menschen setzt den Wunsch voraus, etwas hinzulernen zu wollen, und die Erfahrung, dass das gelingen kann. Eine erste Form der Selbstvergewisserung, die gleichzeitig anspornend wirkt, ist das Ausstreichen einer Aufgabe im Hausaufgabenheft: „So, das habe ich erledigt. Das habe ich gut gemacht. Und jetzt mache ich mich an die nächste Aufgabe!"

Eigenlob stinkt übrigens keineswegs! Auch dieses Sprichwort ist, wie viele Standardanweisungen in der Lernsituation, Ausdruck eines veralteten Disziplinverständnisses. Deswegen kann ich das Ausstreichen auch mit einer Selbstbenotung verknüpfen oder eine entsprechende Zahl Smileys ins Hausaufgabenheft malen.

Eltern können die Selbstreflexion des Arbeitsprozesses aber auch systematisch anstoßen – besonders zu empfehlen, wenn die Motivation zu wünschen übrig lässt. Machen Sie das drei Wochen lang und setzen Sie an jedem Tag, den Ihr Kind zu Hause für die Schule arbeitet, den folgenden Zettel ein:

Selbstbeurteilung
für meine Hausaufgaben / mein Lernen

Datum: _____

a.) Ich habe

☐ alles

☐ das meiste

☐ nur wenig

von dem geschafft, was ich heute schaffen wollte.

b.) Ich bin mit meiner Arbeit heute

☐ sehr

☐ etwas

☐ gar nicht

zufrieden.

c.) Ich fühle mich jetzt

☐ sehr

☐ etwas

☐ gar nicht

wohl.

d.) Wenn ich an den nächsten Schultag denke, so habe ich ein

☐ gutes

☐ weniger gutes

☐ schlechtes

Gefühl.

Besprechen Sie vorab das Ziel dieser Aktion. Ihr Kind soll über die drei Wochen hinweg jeden Tag einmal nach den Hausaufgaben kurz darüber nachdenken, wie es ihm damit geht, und die vier Sätze mit Kreuzchen einschätzen. Sie besprechen gemeinsam einmal, am besten zum Wochenende hin, die Kreuzchen der Woche.

Punkt a) dient der Selbstvergewisserung: Habe ich wirklich alles wie geplant geschafft? Normalerweise denkt Ihr Kind nicht darüber nach, wie zufrieden es mit seiner Hausaufgaben- und Lernarbeit ist, sondern ist einfach nur froh, fertig zu sein. Um den eigenen Gütemaßstab zu entwickeln, ist ein Kreuzchen bei Satz b) hilfreich. Auf Dauer erkennt Ihr Kind nämlich, dass die Zufriedenheit mit der eigenen Arbeit hoch ist, wenn es sein Pensum geschafft hat. Es geht also zunächst um die Menge der geleisteten Arbeit und damit um die Höhe der erbrachten Anstrengung im Verhältnis zu den Arbeitspflichten. Im wöchentlichen Gespräch können Sie allmählich das Nachdenken über die eigene Zufriedenheit auch auf die Qualität der Hausaufgaben beziehen.

Dass man sich nach den Hausaufgaben sogar wohlfühlen kann, ist für Schüler ein eher befremdlicher Gedanke. Aber Punkt c) stößt sie darauf, dass es befreiend wirkt, seine Pflichten erledigt zu haben und anschließend guten Gewissens freizumachen.

Satz d) schließlich zeigt, dass man sich nach Erledigung aller Aufgaben gut in Bezug auf den nächsten Schultag fühlt. Mehr kann man schließlich nicht tun. Das gilt in besonderem Maße, wenn man auch die „heimlichen" Hausaufgaben (vgl. S. 51) einplant. Wer sein komplettes Pensum geschafft hat, kann am nächsten Tag Hausaufgaben vorweisen, sich gut am Unterricht beteiligen und braucht keinerlei Sorge wegen eines unangekündigten Tests oder einer mündlichen Abfrage zu haben.

ABWECHSLUNGSREICH UND MIT ALLEN SINNEN LERNEN

*Auch ungeliebte Aufgaben lassen sich
mit diesen Ideen leichter erledigen:*

☞ Angenehme Arbeitsatmosphäre:
Eine beruhigende Umgebung, auch Musik, ein Pausendrink und unbedingt Bewegung tragen dazu bei, die Hausaufgaben gut und zügig zu erledigen.

☞ Lernen in Bewegung:
Vokabeln, Grammatikregeln oder auch das Einmaleins lassen sich beim Spazierengehen, mit unterstützenden Gesten oder beim Ballspiel besser merken.

☞ Lernen auf allen Kanälen:
Das neue Wort wird (auch) in die Luft geschrieben. Vokabeln fragt sich das Kind selbst ab, vielleicht legt es sich auch eine Lernkartei an, mit der es jeden Tag – das aber konsequent – fünf Minuten arbeitet.

☞ Sich selbst loben und ermutigen:
Vieles ist eine Frage der Einstellung – wer sich auf die Freizeit nach den Hausaufgaben freut, wird diese leichter erledigen. Und mit kleinen Sprüchen können sich die Kinder selbst ermutigen.

6. GEGEN NULL-BOCK-ARGUMENTE ANGEHEN

Wenn Hausaufgaben und drohende Klassenarbeiten Überforderungsgefühle auslösen, ist es eine ganz natürliche Reaktion, dass sich ein Schüler aus der anstrengenden Gegenwart flüchten will.

> *Eine Motivation,*
> *die einen im wahrsten Sinne des Wortes beflügelt,*
> *bringt einen auch auf einen grünen Zweig.*
>
> (Gerhard Uhlenbruck)

Auch wir Erwachsenen kennen Fluchttendenzen aus den realen Anforderungen von Beruf, Beziehung und Alltagsproblemen. Anstrengungsvermeidung und Misserfolgsängstlichkeit liegen bei den Jugendlichen nahe beieinander. Es hilft aber nichts, auf die Äußerung „Ich werde sowieso Fußballprofi" zu entgegnen: „Du hast ja bloß keine Lust auf deine Hausaufgaben." Das provoziert Abwehr, und das Kind beharrt erst recht auf seiner Position. Auch der Versuch, eine erträumte Karriere als Illusion zu entlarven, wirkt kontraproduktiv und löst nur Abwehr aus.

6.1. Die Botschaft hinter der Botschaft

Schüler verteidigen oft mit ziemlich irrationalen (= unvernünftigen) Begründungen ihre geringe Bereitschaft, sich anzustrengen. Dagegen ist schwer zu argumentieren. Aber der Traum von einer glänzenden Zukunft als Star ist nichts anderes als die Flucht aus der Angst davor, an den Anforderungen der Gegenwart zu scheitern. Solche Träume hatten Kinder zu allen Zeiten, besonders während der Pubertät, wenn sie auf der Suche nach dem Sinn ihres Lebens sind. In diesem Alter schwärmen Mädchen wie Jungen für ihre Idole und identifizieren sich mit ihnen. Diese Träume werden zusätzlich von den Medien genährt, die mit ihren Castingshows den Eindruck erwecken, eine Karriere als Star sei für jeden möglich.

Tommy: Ich hab keinen Bock auf diesen ganzen Scheiß! Wozu soll ich nur solche Gleichungen lösen, wenn ich später eh Fußballprofi werde.
Vater: Ja, das kann manchmal ganz schön ätzend sein, sich durch so schwierige Aufgaben durchzubeißen.
Tommy: Ich hab einfach keine Lust mehr. Gleichungen mit mehreren Unbekannten sind so überflüssig.
Vater: Sie machen dir keinen Spaß, und dann hast du das Gefühl, dass sie sinnlos sind.
Tommy: Würde dir auch keinen Spaß machen, was tun zu müssen, was du nicht kannst, nicht willst und nicht brauchst.
Vater: Erleichtert dich die Vorstellung, dass es mir auch so gehen würde?
Tommy: Weiß ich nicht. Jedenfalls brauche ich das meiste, was wir in der Schule machen, für meine Zukunft nicht. Ich hasse die Schule!
Vater: Du empfindest die Schule richtiggehend als Feind.
Tommy: Ist sie ja auch. Sie hindert mich daran, das zu tun, was ich möchte, und dann kriege ich auch noch schlechte Noten.
Vater: Ja, schlechte Noten fühlen sich gar nicht gut an.

Tommy: Das ist so ungerecht. Andere in der Klasse brauchen fast nichts zu lernen und kriegen Einser und Zweier. Und ich murkse mir einen ab, und es klappt trotzdem nicht.
Vater: Da fühlst du dich benachteiligt.
Tommy: Genau! Ich würd's den anderen so gerne mal zeigen. Aber wenn ich erst Fußballprofi bin, werden die sich noch umgucken. Da werden die stolz drauf sein, dass die mal mit mir in einer Klasse waren.
Vater: Das ist eine Vorstellung, die dir gut tut, dass du mal der Erfolgreiche bist.
Tommy: Hm. – Kannst du mir mal bei Mathe helfen?

Was Tommys Vater in diesem Gespräch macht, nennt man nach Thomas GORDON (2008) „aktives Zuhören". Er versucht, Tommy mit seiner augenblicklichen Gefühlslage zu akzeptieren. Er findet sie zwar nicht gut, weiß aber, dass Gefühle sich rasch ändern, vor allem bei Kindern und Jugendlichen. Er weiß auch, dass er seinem Sohn die Gefühle nicht auszureden vermag. Und er weiß, dass er ihm helfen kann, sie zu überwinden, indem er versucht, sie zu erkennen und zu spiegeln.

Statt der Konfrontation mit Sätzen wie „Nun streng dich mal ein bisschen an!" oder „Träum nicht von der Profikarriere, sondern mach Mathe!" versucht der Vater sich einzufühlen. Deswegen braucht sich Tommy nicht zu verteidigen, kann sich im Laufe des Gesprächs immer klarer über seine Gefühle werden und schließlich akzeptieren, dass er doch nicht um seine Matheaufgaben herumkommt.

Der Vater verzichtet auch darauf, Tommys Gefühle zu bewerten. Er wirft ihm nicht vor, nur neidisch auf bessere Mitschüler zu sein, weil ihm klar ist, dass es keine richtigen oder falschen Gefühle gibt, sondern immer nur eigene. Die will er nicht zensieren, sondern wahr- und annehmen, damit Tommy sie konstruktiv verarbeiten kann.

6.2. Hilfestellungen auf der Sachebene

Kann der Vater bei Tommy vielleicht auch auf der Sachebene ankommen? Lassen wir es ihn versuchen:

„Aber Tommy, nur die wenigsten schaffen den Durchbruch als Profi. Die Chancen für dich sind da nicht sehr groß!" – „Siehst du!", kontert der Junge. „Genau das ist es: Du traust mir einfach nichts zu. Da soll ich nicht die Lust verlieren …"

Das ging also schief. Viele Eltern haben in Gesprächen mit ihren Kindern schon ähnliche Erfahrungen gemacht. Man will seinem Kind zu einer realistischeren Sicht verhelfen, erreicht aber nur, dass einem fehlendes Vertrauen vorgeworfen wird. Bleiben Sie also gelassen, wenn Ihr „Tommy" so loslegt. Kontern Sie z. B. folgendermaßen:

„Stopp – ich habe nur sachlich von deinen konkreten Chancen gesprochen. Du legst mir das als mangelndes Vertrauen in deine Fähigkeiten aus. Darüber habe ich aber gar nichts gesagt. Was glaubst du, wie viele Jungs in deinem Alter Fußballprofi werden wollen und wie viel Prozent von ihnen das schaffen? Was meinst du wohl, warum in den Fußballinternaten der großen Profiklubs so viel Wert auf eine gute schulische und berufliche Ausbildung gelegt wird? Schreib doch mal an den FC Bayern und frage, was der Fußballnachwuchs dort alles lernt! Schau mal auf die Homepages der Fußballstars, was die für eine Ausbildung haben! Die wollten sich fast alle absichern, falls es doch nicht klappt mit dem Profi oder falls eine Verletzung sie zum Aufgeben zwingt."

Nach solch einer Antwort braucht Tommy erst einmal Zeit zum Nachdenken, nicht nur über Ihr Sachargument, sondern vor allem, wie er reagieren kann, ohne sein Gesicht zu verlieren. Helfen Sie ihm, indem Sie in nächster Zeit beispielsweise mit ihm gemeinsam im Internet einige Fußballerlebensläufe aufsuchen. Vielleicht schreiben Sie gemeinsam eine E-Mail an einen Fußballer und fragen ihn, was er Tommy rät, der gerne Fußballprofi werden möchte, aber derzeit einen Durchhänger in der Schule hat. So zeigen Sie Ihrem Kind, dass Sie es sehr wohl auf der Beziehungsebene ernst nehmen und seine Ziele akzeptieren. So wendet sich der Machtkampf der Diskussion in ernsthafte Arbeit an der Entwicklung einer Zukunftsperspektive für das Kind.

Als konkrete Hilfestellung und Ermutigung für Schüler können wieder Zettel dienen, die sie sich ins Federmäppchen legen, am besten in einer Ausweishülle (Format DIN A7). Im Unterschied zu den oben (vgl. S. 91) vorgeschlagenen Ermutigungen haben diese Hilfen zwei Seiten: Auf der Vorderseite steht der eigentliche Tipp, auf den der Schüler mehrfach im Laufe des Tages schaut, wenn er im Mäppchen hantiert. Auf der Rückseite kann er gelegentlich die Erläuterung zum Tipp nachlesen, wenn er darüber ins Grübeln gerät. Solche Tipps sind Verführungen zum Nachdenken, zur selbstständigen Auseinandersetzung mit der eigenen Motivation. Sie können kopiert, ausgeschnitten und an der mittleren Trennlinie gefalzt werden, dann passen sie genau in die Ausweishülle. Diese Federmäppchen-Tipps stellen ein wertvolles Mittel des Methodentrainings dar, mit dessen Hilfe Schüler lernen zu lernen. Ihr Lernbewusstsein wird gefördert, weil sie veranlasst werden, über ihr Lernverhalten nachzudenken, anstatt einfach drauf los zu arbeiten. Damit erleben sie zudem **Selbstwirksamkeit** und merken, dass sie auch in schwierigen Situationen handlungsfähig sind. Kaum etwas ist motivierender als solche Erfahrungen der eigenen Kompetenz. Und schließlich stellen die Tipps eine Ermunterung dafür dar, eigene Federmäppchen-Tipps zu formulieren. Besonders über den Austausch in der Klasse oder in einer kleineren Schülergruppe lässt sich das kreative Entwickeln von Lernerfahrungen anregen.

„Warum soll ich mich für die Schule anstrengen?
Ich werde doch sowieso Fußballprofi (oder
Rockstar, Filmschauspieler, Model, …)!"

Der Erfolg von Profis und Stars beruht auf
der Mischung von Talent, enorm viel Fleiß
und einer guten Ausbildung.

Wenn du einen Traum hast,
setze dir Ziele.
Mit Fleiß und Ausbildung
wirst du dein Talent entwickeln!

Als Schülerin oder Schüler zweifelt man oft am Sinn von Mathematik, Geschichte oder anderen Fächern. Den bewunderten Stars aus Sport, Musik und Mode sieht man nicht an, was sie an Fleiß und Ausbildung investiert haben, um erfolgreich zu werden. Aber wer zum Beispiel in ein Fußballinternat geht, muss sehr viel für die Schule pauken.

Gute Bildung ist gut für den Erfolg. Sie fördert mentale Stärke und Selbstbewusstsein. Gebildeten Menschen kann man nicht leicht etwas vormachen.

Und: Bildung schützt vor dem Absturz, wenn der Erfolg mal ausbleibt.

Federmäppchen-Tipp 1

Hier noch weitere Argumentationshilfen bei häufigen „Null-Bock"-Problemen:

„Schultasche packen? Muss das jetzt sein? Das hat doch Zeit! Das kann ich doch heute Abend nach dem Spielen noch machen."

Machen Sie klar, dass diese Haltung nicht akzeptabel ist und fördern Sie geduldig die Ausbildung von Ritualen (vgl. S. 44). Wer sich sein Schulleben leichter machen will, packt seine Schultasche am besten immer gleich nach den Hausaufgaben.

„Schultasche packen? Das hat Zeit.
Jetzt will ich erst mal spielen!"

Wenn du deine Schultasche
gleich nach den Hausaufgaben packst,
wirst du nichts vergessen und
bist am schnellsten damit fertig!

Wenn du mit einem platten Reifen Fahrrad fährst, dann kommst du nur schwer voran – wegen „Reibungsverlust".
Wenn dir in der Schule Sachen fehlen, weil du deine Schultasche nicht ordentlich gepackt hast, bist du abgelenkt und kannst Ärger kriegen.
Auch das sind „Reibungsverluste". Du machst es dir leichter, wenn du sie vermeidest.

Federmäppchen-Tipp 2

Witz:

Ein frommer Mann betet jeden Samstag ganz inbrünstig: „Herr, lass mich bitte einmal einen Sechser im Lotto haben!" Nach seinem vielleicht hundertsten Gebet dieser Art ertönt eine Stimme vom Himmel: „Ja, dann kauf doch endlich mal einen Lottoschein …"

Manche Schüler verhalten sich wie dieser fromme Mann und erhoffen gute Noten ohne Mitarbeit. Dahinter steckt oft das Gefühl: „Warum soll ich im Unterricht aufpassen? Ich kapier das doch sowieso nicht!" Hier kann Ermutigung helfen, wie es der folgende Federmäppchen-Tipp auszudrücken versucht:

„Warum soll ich aufpassen?
Ich kapier' das doch sowieso nicht!"

Wer nicht aufpasst, hat keine Chance,
den Stoff zu verstehen.
Nur wer aufpasst, hat eine Chance.
Auch wenn's nicht immer klappt:
Nutze deine Chance!

Der Erfinder Edison musste 10.000 Versuche machen, bis seine Glühbirne funktionierte.
Aber am Ende klappte es, weil er aufpasste und aus jedem Misserfolg etwas lernte.
Niemand hat bei jedem Versuch Erfolg, wenn er etwas lernt.
Aber wer es gar nicht erst versucht, kann natürlich auch keinen Erfolg haben.
Also nur Mut und versuche es weiter!

Federmäppchen-Tipp 3

„Ich arbeite nicht mehr mit im Unterricht. Bei uns in der Klasse heißt es dann immer gleich: ‚Du Streber!'"

Nehmen Sie solche Sätze ernst! An Chemnitzer Schulen berichteten 20 Prozent der Achtklässler, manchmal bis häufig als Streber tituliert zu werden, 30 Prozent bekamen abfällige Bemerkungen wegen ihrer Leistungen zu hören und 25 Pro-

zent fürchten sich zumindest bisweilen vor der Ausgrenzung als Streber. Eine weitere Studie zeigte: Etwa 35 Prozent der Befragten meinen, dass Schüler im Unterricht wenig mitarbeiten, um abfälligen Bemerkungen von ihren Mitschülern zu entgehen. Mehr als 50 Prozent berichten, dass Mitschüler aus Furcht vor Hänseleien Fragen der Lehrer nicht beantworten, selbst wenn sie die Antwort wissen.
(Aus einer Pressemitteilung der Technischen Universität Chemnitz, Link: http://www.tu-chemnitz.de/tu/presse/2009/01.26-09.38.html)

Umso wichtiger ist es, dass Sie Ihrem Kind den Rücken stärken, etwa so:

„Wer mitarbeitet, ist ein Streber!"

Wirklich? Sich im Unterricht zu melden, bringt nicht nur
einen selbst voran,
sondern die ganze Klasse.

Melde dich, so oft es geht!
Frage, was du nicht verstehst!
Versuche Antworten zu geben,
wann immer du kannst!

Viele Schüler haben Angst, dass ihre Mitschüler sie als Streber ablehnen. Doch echte Streber sind unkameradschaftlich. Das trifft auf dich nicht zu!
Wer mitarbeitet, nimmt niemandem etwas weg. Im Gegenteil: Er bringt den Unterricht voran – und das hilft jedem.
Wer andere „Streber" nennt, hat vielleicht selber Lernprobleme. Könntest du demjenigen deine Hilfe anbieten?

Federmäppchen-Tipp Nr. 4:

GEGEN DIE
NULL–BOCK–ARGUMENTE

Die Realität ist manchmal schwer erträglich.
Da helfen verständnisvolle Eltern und kleine Tipps:

☞ Traumwelten und Illusionen:
Kinder flüchten in glänzende Zukunftsperspektiven, wenn
sie ständig an den Anforderungen in der Schule scheitern
oder – vor allem während der Pubertät – überhaupt keine
Lust zum Lernen haben. Nehmen Sie auch solche Träume
ernst und gehen Sie im Gespräch behutsam auf die geäußer-
ten Gefühle ein.

☞ Ein Spickzettel zum Nachdenken:
Bei der selbstständigen Auseinadersetzung mit fehlender
Motivation helfen kleine Tipps, die im Federmäppchen lie-
gen.

7. Lehrer als Partner der Eltern

Auch Lehrer spielen eine wichtige Rolle bei der schulischen Leistungsmotivation, denn sie haben einen großen Einfluss auf die Lernbereitschaft unserer Kinder.

Ein guter Lehrer
bleibt ein Schüler
bis an das Ende seiner Tage.
(Chinesische Weisheit)

7.1. Die unvermeidliche Vorbildfunktion

Lehrer werden mit dem Null-Bock-Phänomen ungleich stärker konfrontiert als die Eltern, gibt es doch in der Schule meistens mehrere Kinder pro Klasse, manchmal eine komplette Clique oder gar die ganze Klasse, die Lehrer herausfordern.

Auch in der Schule erzieht das Vorbild der Erwachsenen Kinder und Jugendliche weitaus wirkungsvoller und vor allem nachhaltiger als deren Worte. Dieser Gedanke hat weitreichende Konsequenzen – bis hin zum Niveau der Selbstdisziplin innerhalb der Schülerschaft. Er bedeutet z. B., dass das **Lernverhalten** eines Lehrers modellhaften Charakter für seine Schüler hat und für deren Lernverhalten maßgeblicher ist als sein **Lehrverhalten**.

Ein Gedankenexperiment:
In Managerseminaren kann man gelegentlich Sätze hören wie diesen: „Vorbild ist jene Führungskraft, die durch ihren Erfolg im Erreichen von Zielen und ihr wertebestimmtes Verhalten so viel Sog auslöst, dass Mitarbeiter auch so sein wollen." Bitte ersetzen Sie „Führungskraft" durch „Lehrkraft" und „Mitarbeiter" durch „Schüler".

Gerade in unserer schnelllebigen Zeit, in der die „Halbwertszeit des Wissens" immer kürzer wird, steigt die Bedeutung von **Lernkompetenz** gegenüber der von Faktenwissen. Darum gewinnen offene Unterrichtsarrangements ein immer stärkeres Gewicht gegenüber der Wissensvermittlung in Lehrgangsform. Mit den Schülern gemeinsam recherchieren, forschen, experimentieren und Erkenntnisse bewerten stärkt das Leistungsmotiv, weil es sie mitzureißen vermag. Gemeinsam Hypothesen aufstellen, überprüfen, verwerfen, korrigieren und verifizieren, das vermittelt die Erfahrung: Ich kann durchhalten, auch wenn es schwierig wird. Mit den Schülern gemeinsam Lernmethoden auszuprobieren, um Vokabeln oder wissenschaftliche Fakten zu pauken, stärkt deren methodische Kompetenz und produziert damit motivationsstärkende Erfolgserlebnisse.

> Der Lehrer strebe nur,
> sich selber zu entfalten,
> der Schüler lerne nur,
> sein Eignes zu gestalten.
>
> (Friedrich Rückert)

Von dem halben Dutzend Geschichtslehrer meiner Gymnasialzeit ist mir nur jener positiv in Erinnerung, der mit uns Schülern gemeinsam historische Ereignisse diskutierte, uns in Rollenspielen persönliche Stellungnahmen abverlangte und mit uns Tafelbilder entwickelte, die fast schon Mind-Maps waren und so das Abspeichern des Faktenwissens erleichterten. Er hatte großen Anteil daran, dass ich mich später zum Lehramtsstudium entschloss und Geschichte zu meinem Zweitfach wählte.

Aber noch vor dem Lernverhalten wirken Lehrer in ihren Sekundärtugenden modellhaft auf die Schüler. Ich kann mich noch gut an jene erinnern, die uns Schüler wegen Unpünktlichkeit mahnten und disziplinierten, aber selbst ständig zu spät in den Unterricht kamen. Ich weiß noch gut, wie mich eine kettenrauchende Deutschlehrerin wegen Rauchens kritisierte. Mir sind auch noch die Mahnungen im Gedächtnis, die sich auf Pünktlichkeit bei Hausaufgaben oder Referaten bezogen, von Lehrern geäußert, die die Rückgabe von Tests und Klassenarbeiten oft wochenlang verschleppten. Solche Inkongruenz von Worten und Verhalten machen nicht nur die Person grundsätzlich unglaubwürdig, sondern auch die geforderten Werte. Es gibt wohl kaum etwas, was Kindern und Jugendlichen wichtiger ist als Ehrlichkeit und Gerechtigkeit. Deswegen reagieren sie stets höchst empört, wenn es in der Schule ungerecht zugeht.

Glücklicherweise habe ich als Schüler auch ehrliche, um Gerechtigkeit bemühte Lehrer erlebt. Das wirkte auf mich einerseits mäßigend, was meinen pubertären Überschwang anging, aber es stärkte auch die positiven Kräfte in mir: Ihnen gegenüber wollte ich mir keine Blöße geben. Ihnen **zuliebe** strengte ich mich beim Lernen an, denn ich liebte sie für ihre Art. Sie waren genauso wenig perfekt wie die anderen, aber sie konnten Fehler und Versäumnisse eingestehen, so wie sie uns Schülern gegenüber Verständnis aufbrachten und trotzdem konsequent blieben. Sie waren klar und schnörkellos in ihren Forderungen, aber auch menschlich im Umgang.

Das gute Beispiel von Lehrern zeigt sich am besten in dem Vertrauensklima, das sie zu schaffen vermögen. Sie leben Gesprächsbereitschaft, Kritikfähigkeit und Verlässlichkeit vor. Dadurch fühlen Schüler sich ernst- und angenommen – ein wesentlicher Faktor für die Stärkung des Leistungsmotivs.

7.2. Ritualisierungen im Schulalltag

Wenn Schule ihren Bildungs- und Erziehungsauftrag erfüllen soll, muss sie Strukturen für das Sozial- und Lernverhalten bei ihrer Schülern etablieren können. Mit der aktuellen Überbetonung von Leistungsstandards, mit zentralisierten Vergleichsarbeiten und externer Evaluation wird lediglich der Lerndruck erhöht. Aber gerade dort, wo es – wie in der Schule – um die Vermittlung von Kompetenzen geht, haben Verhaltensstrukturen zentrale Bedeutung. Darum sind **Rituale** auf allen Altersstufen hilfreich.

> *Definition: „Ritual (lat. ritus religiöse Regel, Brauch, Sitte; engl. ritual).*
> Sozial geregelte und von den Mitgliedern einer Gruppe, Institution oder Gesellschaft weitgehend gleichförmig ausgeführte Handlungsabläufe. Sie vereinfachen und stabilisieren das soziale Handeln in häufig wiederkehrenden Lebenssituationen (Begrüßung, Vorstellung, Feiern, Kommunikation mit Personen unterschiedlicher Position, Besuch, Verabschiedung, Verhandeln usw.), schaffen dadurch eine grundlegende Handlungskompetenz für solche Situationen, strukturieren soziale Prozesse und vermitteln ein Gefühl der Zusammengehörigkeit" (SCHAUB/ZENKE, S. 294).

„Struktur" hat etwas mit Aufbau und Ordnung zu tun, auch mit Orientierung. Damit Kinder sich in der schulischen Welt zurechtfinden, die ja oft genug anders strukturiert ist als ihr häusliches Milieu, benötigen sie Orientierungshilfen: Ich weiß, wie es läuft und was jetzt kommt. Rituale erleichtern Lehrern die Organisation des Unterrichts, weil sie als kleine Module des Stundenverlaufs regelmäßig wiederkehren. Sie schaffen Fixpunkte im zeitlichen Ablauf des Schultages, der Woche oder des Jahres und bieten Orientierung in der Komplexität des Schullebens. Allerdings können Rituale ihre Wirkung nur entfalten, wenn sie konsequent durchgehalten werden.

Beispiele für Rituale im Schulalltag sind:

➤ Leisezeichen
➤ Meldekette
➤ Begrüßung
➤ Morgengebet oder -lied
➤ Morgenkreis / Wochenanfangs- oder -schlusskreis / Klassenrat
➤ Früh- oder Pausengymnastik
➤ gemeinsames Pausenfrühstück
➤ regelmäßige Vorlesestunde
➤ wöchentliche Einteilung der Klassendienste
➤ Wochen-, Monats- oder Vierteljahresfeier
➤ jahreszeitliche Feste (z. B. Karneval, Ostern, Weihnachten)
➤ jährlich wiederkehrende Veranstaltungen (z. B. Theateraufführung, Spiel- und Sporttag)
➤ jährliche Wettbewerbe (z. B. Vorlese- oder Bastelwettbewerb)

Als **Leisezeichen** weit verbreitet ist die beidarmige Geste mit dem Zeigefinger der rechten Hand am geschlossenen Mund und der erhobenen offenen linken Hand. Manche Lehrkräfte setzen auch eine Zimbel oder ein Glöckchen ein. Entscheidend für die Wirkung ist zum einen ihre Eindeutigkeit: immer das identische Zeichen für nur diese eine Bedeutung. Deswegen sollten sich Fach- und Klassenlehrer über die eingesetzten Signale verständigen. Zum anderen wird das Signal erst durch konsequente und regelmäßige Gewöhnung über längere Zeit hinweg verankert.

Wenn manche Kinder trotzdem noch mit ihren Nachbarn reden, haben Sie vielleicht während der Gewöhnungsphase nicht konsequent genug auf Stille gewartet oder das Zeichen in Gesprächsphasen zu häufig benutzt. Nehmen Sie Blickkontakt auf oder nennen Sie leise den Namen. Und gerade in der Anfangsphase gewöhnt man sich an ein ritualisiertes Zeichen eher, wenn stets sofort und später immer seltener gelobt wird.

Die **Meldekette** steht als Beispiel für einen ritualisierten Gesprächsablauf oder eine Abfragerunde: Wer als Erster eine Antwort gegeben hat, ruft den Nächsten auf, der sich meldet, und der wieder den Nächsten usw. Mit diesem Ritual wird die Lehrkraft entlastet und kann intensiver beobachten, weil sie nicht gleichzeitig steuern muss.

Eine Meldekette motiviert die Schüler, weil sie den Ablauf des Geschehens beeinflussen können. Es gibt aber auch inhaltlich motivierende Unterrichtsrituale, beispielsweise das **Datumsrechnen**: Im ersten und zweiten Schuljahr (mindestens) beginnt jede Mathematikstunde mit Rechenaufgaben, die die Schülerinnen und Schüler selber aus dem Tagesdatum ableiten. Am 9.6.2016 können sie etwa Aufgaben bilden wie $9 + 6$; $9 - 6$; $9 + 6 + 2$; 9×6; $9 + 6 + 2016$ u.v.m. Es gibt Kinder, die so interessiert an Zahlen sind, dass sie bereits nach wenigen Wochen im ersten Schuljahr im Tausenderbereich rechnen! Diese täglichen drei Minuten wecken bei vielen Schülern Interesse an Mathematik und geben Lehrern nicht nur Aufschlüsse über die individuelle Lernentwicklung, sondern auch Einblicke in die mathematischen Denkstrategien der Kinder.

Die **Vierteljahresfeier** bietet die Möglichkeit, unter jahreszeitlichem Bezug Gelerntes innerhalb der Schulöffentlichkeit zu präsentieren. Sie ist ein Ereignis, dem Kinder „entgegenfiebern", das sie emotional berührt, das positive Aufregung erzeugt und ihnen die Erfahrung von Lampenfieber vermittelt. Vor allem aber ist sie mit Erfolgserlebnissen und öffentlicher Anerkennung als Verstärkung für Anstrengungen verbunden. All das stärkt die Anstrengungsbereitschaft.

Rituale zeichnen sich durch immer gleichartige Abläufe aus. Kinder und sogar Jugendliche empfinden das nicht als langweilig. Sie genießen die Sicherheit vermittelnde Gewissheit solcher Gleichförmigkeit, sofern das Ritual eine altersgemäße Form aufweist. In diesem Sinn bezieht sich die Forderung nach Ritualen auch auf die Ausgestaltung von zunehmend komplexeren Unterrichtsphasen bis hin zu ritualisierten Stundenabläufen. Sogar die Freiarbeit kann trotz inhaltlicher Freiheit vom Ablauf her ritualisiert sein. Je chaotischer eine Schulklasse sich verhält, desto wichtiger sind schematische Abläufe. Dazu ein Beispiel:

Eine Lehrerin aus einer Vorstadt-Realschule mit sozial relativ intaktem Umfeld wurde als Krankheitsvertreterin für ein Vierteljahr in eine Innenstadtschule mit einem sozial problematischen Umfeld abgeordnet. Schon nach wenigen Englischstunden gingen ihr die Kinder (6. Klasse) buchstäblich über Tische und Bänke. Sie setzte alles methodische Können ein, bereitete sich besonders sorgfältig vor, gestaltete zu Hause stundenlang fantastische Folien für den Unterricht, doch nichts half. Die Kinder verhielten sich so „schlimm“, dass sie zum ersten Mal seit Jahren wieder weinend von der Schule nach Hause kam und über das Ende der Vertretungszeit sehr erleichtert war. Im Nachhinein erst hatte sie Gelegenheit, die vertretene Klassenlehrerin zu fragen, wie sie mit dieser Klasse umzugehen pflege. „Jede Stunde läuft bei mir nach dem gleichen Schema ab“, antwortete diese, „Vokabelabfrage, Hausaufgabenkontrolle und -besprechung, neuen Text erlesen, neue Vokabeln aufschreiben usw. Da weiß jedes Kind zu jeder Zeit, was zu tun ist.“

7.3. Ermutigen und Bewerten

Schule hat nicht nur einen Bildungs- und Erziehungsauftrag, sie sortiert auch aus: entscheidet über Übergänge, An- und Abschlüsse. Dazu bedient sie sich der Ziffernnote. Für eine grundsätzliche Kritik der schulischen Zensurenpraxis ist hier kein Raum (vgl. ausführlich INGENKAMP 1995). Aber um eine der zahlreichen negativen Folgen von Zensuren komme ich in diesem Kapitel nicht herum: Sie schürt die Angst vor Fehlern.

Dabei fürchten sich nicht nur die vermeintlich leistungsschwachen Schüler vor Fehlern und den daraus resultierenden Noten. Gerade leistungsstarke Kinder entwickeln oft einen übermäßig großen Ehrgeiz; in der Grundschule weinen sie manchmal über eine 1–2. In der Pubertät hingegen werden schlechte Noten geradezu als Trophäen begrüßt. Dieser Jubel ist allerdings nur ein Selbstschutz, um im Versagen das Gesicht zu wahren. Jede Leistungskontrolle in der Schule ist eine Suche nach den Fehlern. Auch wo Punkte gezählt werden, ergeben diese sich aus dem Abzug der falschen Lösungen von der Gesamtzahl der möglichen richtigen. Das Symbol für alles Fehlerhafte ist die

116

Farbe Rot. Je mehr rote Farbe auf dem Blatt, desto schlechter die Leistung – wer glaubt ernsthaft, das könne ermutigen?

In jüngster Zeit weisen vor allem Gehirnforscher auf die Bedeutung der **Fehlerfreundlichkeit** hin. „Fehler sind **notwendig** für das Lernen", habe ich weiter oben (S. 57) formuliert. Da das Gehirn permanent Probleme löst, muss es im Versuch und Irrtum über Fehler zu Erfahrungen gelangen, die im Laufe des Lebens immer komplexere Problemlösungen ermöglichen. Fehler sind also hilfreich für die Entwicklung. Es ist eine schizophrene Situation für Schüler: Neurophysiologisch sollten sie sich über ihre Fehler freuen, denn sie stellen Lernchancen, eine Quelle für Erfahrungen und damit Wachstumspotenzial dar. Gesellschaftlich jedoch müssen sie Fehler vermeiden, um erfolgreiche Schüler sein zu können.

Da Lehrer Noten geben müssen, bleibt als realistischer Weg nur, deutlich zwischen Leistungskontrolle und Lernprozess zu unterscheiden und mehr Fehlerfreundlichkeit zu praktizieren. Dazu die folgenden Tipps:

☞ Vermeiden Sie die Alarmfarbe Rot. Korrigierende Notizen in den Heften Ihrer Schüler können Sie auch mit anderen Farben schreiben.

☞ Gehen Sie konsequent gegen die Diskriminierung von Kindern vor, die Fehler machen. Lassen Sie es nicht zu, wenn Schüler wegen einer falschen Antwort ausgelacht werden, genauso wie sie jeden Strebervorwurf unterbinden sollten. Beides behindert eine positive Einstellung zur Leistung.

☞ Lassen Sie beim Vorlesen, Vorrechnen oder beim Vokabelabhören Schüler nicht „zappeln". Fehler gelten als normal, und wir helfen uns gegenseitig, sie zu überwinden.

☞ Ermutigen Sie Ihre Schüler zum Präsentieren eigener Arbeiten. Je selbstverständlicher und angstfreier das erlebt wird, desto positiver entwickelt sich das Leistungsmotiv weiter. In der Methode „Lernen durch Lehren" (vgl. www. ldl.de) wird dieses Prinzip konsequent genutzt, indem Schüler Unterrichtsaufgaben übernehmen. Es stärkt ihre Aktivierung und Motivation, sofern sie diese Phasen angstfrei ohne Benotung und mit behutsamer Hilfestellung erleben können.

☞ Zeigen Sie den Schülern immer wieder einmal auf, welche Leistungsfortschritte sie im Vergleich zur letzten Stunde, zur letzten Woche oder zum vergangenen Jahr gemacht haben. Betonung der Fortschritte stärkt die Anstrengungsbereitschaft.

☞ Beteiligen Sie die Schüler an der Erarbeitung von Kriterien für ihre verschiedensten sozialen und Fachleistungen. So werden eine realistische Selbsteinschätzung und das Setzen von eigenen Lern- und Entwicklungszielen gefördert. Die Schüler nehmen in den Blick, was sie erreichen, und nicht, was sie vermeiden wollen.

Beim Umgang mit Leistungskontrollen scheinen manche der folgenden Vorschläge vielleicht nur Alibifunktion zu haben. Dennoch können sie Schülern durchaus dabei helfen, schriftliche, mündliche und praktische Leistungen als Momentaufnahmen innerhalb ihres persönlichen schulischen Entwicklungsprozesses zu sehen.

☞ Geben Sie bei Leistungsfeststellungen, ob in Punkten oder in Fehlern gemessen, immer den Prozentsatz der richtigen Lösungen an, so dass Schüler sich daran orientieren können, wie nahe sie bereits an 100 Prozent liegen. Für die meisten Fächer können überdauernd gültige Prozent-Noten-Relationen definiert werden, z. B. in dieser weitgehend linearen Abstufung:

100 – 85 %: Note 1
84 – 69 %: Note 2
68 – 53 %: Note 3
52 – 37 %: Note 4
36 – 21 %: Note 5
20 % und weniger: Note 6

☞ Ein solches Verfahren erhöht die Transparenz für die Schüler und führt zu besserer Abstimmung innerhalb des Kollegiums, das in aller Regel unterschiedlichste und teilweise nicht einmal persönlich widerspruchsfreie Maßstäbe praktiziert.

☞ Nutzen Sie Freiräume zugunsten der Schüler, indem Sie beispielsweise freiwillige Zusatzaufgaben in Tests einbauen, die Fehler im Pflichtteil teilweise ausgleichen können. Auch eine freie Zusatzaufgabe ist denkbar: „Bitte schreibe hier auf, wenn du etwas zum Thema weißt, was in der Arbeit nicht abgefragt wurde." Es geht schließlich darum, den Schülern Gelegenheit zur Präsentation ihres Wissens zu geben, und nicht um den entmutigenden Nachweis ihres Nichtwissens.

☞ Das Prinzip „Zeigt, was ihr könnt" legt auch die Idee nahe, den Zeitpunkt der Leistungskontrollen zu flexibilisieren. Das gilt insbesondere für offene Unterrichtskonzepte, in denen Schüler ohnehin in unterschiedlichem Tempo und an unterschiedlichen Materialien arbeiten. Sie können den Test am Ende einer Einheit dann absolvieren, wenn sie sich dafür fit fühlen.

☞ Gestalten Sie die Atmosphäre bei Leistungskontrollen angenehm, indem Sie beispielsweise eine Entspannungs- oder Konzentrationsübung vorschalten und die Klasse mit freundlichen Worten ermutigen.

☞ Bringen Sie der Klasse mindestens eine Übung bei, die im Stress hilft, das sogenannte Brett vor dem Kopf wieder zu lockern, damit Ihre Schüler bei **Denkblockaden** wieder zurück ins Arbeiten finden.

„Händefalten bei Denkblockaden": Diese Lockerungsübung stört die Mitschüler auch während der Klassenarbeit nicht.

Falte deine Hände. Liegt der linke Daumen oben oder der rechte? Falte deine Hände auf, aber die Handflächen bleiben aneinandergedrückt und die Finger gestreckt. Der vorher oben liegende Daumen ist jetzt vor dem anderen. Verdrehe die Handflächen nun nur so weit, dass der andere Daumen vorne liegt. Falte die Hände wieder, jetzt also gewissermaßen „verkehrt". Das fühlt sich anfangs ungewohnt an. Falte nun zwanzigmal hin und her und knete bei jedem Falten die Finger drei Mal. Nach dieser Minute kannst du wieder klar denken.

7.4. Das Klassen- und Schulklima verbessern

In der Wirtschaft setzt sich allmählich die Einsicht durch, dass das Wohlbefinden der Mitarbeiter und ihre Produktivität eng miteinander verknüpft sind. Bei „Wellness am Arbeitsplatz" geht es vorzugsweise um Angebote wie Massage, gesunde Ernährung, Pausengymnastik. In der Schule verbreiten sich ähnliche Ansätze: Trinken im Unterricht, bewegte Schule, gesundes Pausenfrühstück etc. Wir verfügen in Schule und Unterricht zusätzlich über viele Möglichkeiten, auch die **Einstellung** unserer Schüler und ihre **Haltung** zur Schule positiv zu beeinflussen. Zahlreiche Untersuchungen der letzten Jahrzehnte belegen, dass Interesse, Kreativität und Engagement am Arbeitsplatz geweckt werden, wenn es Gelegenheiten gibt, dort auch Intiative zu entfalten, Verantwortung zu übernehmen und Wissen über den gesamten Arbeitsprozess und die eigene Rolle dabei zu erwerben.

Je stärker sich Schüler also persönlich am Schulleben beteiligen und es mitgestalten können, je stärker ihr Eigeninteresse im Unterricht zur Geltung kommt, desto höher ist ihre Motivation.

Zu den Beteiligungsmöglichkeiten gehören eigene Zuständigkeiten wie das Schüler-Café oder der Frühstücksservice in Schülerhand oder Veranstaltungen von Schülern für Schüler. Große Verantwortung tragen Schüler, die an der Pausenaufsicht beteiligt werden. Auch Schülerpatenschaften und das Streitschlichterprogramm fördern Verantwortungsgefühl. Die schulinterne Hausaufgabenhilfe „Schüler helfen Schülern" fördert nicht nur Werte wie Hilfsbereitschaft, sondern stärkt auch Selbstbewusstsein und Selbstwert. Planen und Mitgestalten von Projekten wie „Schulhof-Umgestaltung" oder „umweltfreundliche Schule" vermitteln wertvolle Selbstwirksamkeitserfahrungen. Über die SV bzw. SMV hinausgehende Möglichkeiten der Mitarbeit wie Schülerrat, Schülerparlament oder Schülergericht lassen soziale wie kommunikative Kompetenzen wachsen.

Ein **Fragebogen** zum Schulleben unter dem Motto „Wie macht Schule Spaß" wurde von einem pädagogischen Gesprächskreis aus Eltern, Schülern, Lehrkräften und Schulleitung an einem Gymnasium in Württemberg entwickelt. Dieses Gremium hatte sich zum Ziel gesetzt, die Motivation der Schülerschaft zu verbessern:

1.)	Wie gefällt dir Unterricht am besten?	nicht wichtig	mittel	sehr wichtig
	Wenn ich Unterricht selbst vorbereiten und durchführen kann			
	Wenn der Lehrer viel allein macht			
	Wenn ich im Unterricht gefordert werde			
	Wenn der Unterricht abwechslungsreich gestaltet wird (Gruppenunterricht, Stillarbeit, Diskussion)			
	Wenn im Unterricht der „rote Faden" erkennbar wird			
	Wenn der Lehrer öfter bereit ist, vom Thema abzuweichen			
	Sonstiges:			
2.)	Wie soll der Lehrer sich verhalten?	nicht wichtig	mittel	sehr wichtig
	Er soll gerecht sein.			
	Er soll autoritär sein.			
	Er soll alles wissen.			

	Er soll auch Gefühle zeigen (Humor, Ärger).			
	Er soll in der Hauptsache den Stoff straff vermitteln.			
	Er soll für persönliche Nöte der Schüler offen sein.			
	Er soll öfter loben.			
	Er soll Vorbild sein.			
	Sonstiges:			
3.)	*Wie sollen sich die Eltern verhalten?*	wenig	mittel	stark
	Die Eltern sollen sich für die Schule interessieren.			
	Die Eltern sollen mich bei den Hausaufgaben unterstützen.			
	Die Eltern sollen meine Leistungen auf jeden Fall anerkennen.			
	Die Eltern sollen mich loben.			
	Die Eltern sollen mich selbstständiger arbeiten lassen.			

		wenig	mittel	stark
	Sonstiges:			
4.)	**Schülersituation**	**wenig**	**mittel**	**stark**
	Ist dir ein fester Zusammenhalt im Klassenverband wichtig?			
	Ich fühle mich durch die Stofffülle belastet.			
	Stört dich der häufige Lehrerwechsel?			
	Ist dein Schulweg beschwerlich? (Bus, langer Weg, ältere Schüler, ...)			
	Sonstiges:			
	Ich fühle mich in meiner Klasse wohl Ja O Nein O Begründung:			
5.)	**Schule allgemein**	**nicht wichtig**	**mittel**	**sehr wichtig**
	Hältst du eine Umgestaltung der Schulgebäude für notwendig?			
	Hältst du eine Umgestaltung des Schulgeländes für notwendig?			

124

Hältst du eine Umgestaltung deines Klassenzimmers für notwendig?			
Deine Vorschläge für Umgestaltung:			
Ich finde das AG-Angebot gut Ja O Nein O Weitere Vorschläge für AGs:			
Ich finde, dass die Schulveranstaltungen gut sind Ja O Nein O Weitere Vorschläge für Schulveranstaltungen:			
In Bezug auf die Schule macht mir am meisten Angst und Sorgen:			
An meiner Schule gefällt mir gar nicht:			
An meiner Schule gefällt mir besonders:			

Die Schüler aller Jahrgangsstufen füllten den Bogen während des Unterrichts aus. Die Auswertung führte zu praktischen Konsequenzen wie Verschönerungsarbeiten im Haus, der Einrichtung eines Schüler-Lehrer-Cafés in Schülerhand sowie Bitten an alle Lehrer, um Klassenarbeiten weniger ängstigend anzukündigen, durchzuführen und zurückzugeben.

Noch rund zwei Jahrzehnte lang blieb der pädagogische Gesprächskreis aktiv. Damit konnten mehrere Schülergenerationen Selbstwirksamkeitserfahrungen machen. Falls Sie diese Idee aufgreifen wollen, so bedenken Sie bitte: Für den Erfolg maßgeblich ist nicht das fertige Konzept, sondern die Qualität der Schülerbeteiligung.

Um ihre Sicht von Schule zu reflektieren, bieten Sie den Schülern an, die folgenden Sätze zu ergänzen (vgl. HENNIG/KELLER, S. 18):

➤ Wenn ich an die Schule denke, freue ich mich darauf, dass …

➤ Die Schule würde mir mehr Spaß machen, wenn …

➤ Wenn mir die Schule einfällt, kriege ich Angst, weil …

➤ Das Fach … macht mir am meisten Spaß, weil …

➤ Das Fach … macht mir am wenigsten Spaß, weil …

➤ Wenn ich Lehrer wäre und wollte die Schüler zum Lernen anregen, dann würde ich …

➤ Hausaufgaben ….

➤ Klassenarbeiten …

Ich selbst setzte einmal in einem siebten Schuljahr der Hauptschule folgenden informellen, von einem unbekannten Kollegen handgestrickten Fragebogen zur **Schulangst** ein:

Fragebogen zur Angst in der Schule

Vorbemerkung: Es gibt viele Situationen, in denen Kinder, Jugendliche und Erwachsene Angst haben. Auch du hattest sicher schon einmal Angst. Wie geht es dir denn mit der Angst in der Schule? Auf diesem Blatt stehen ein paar Fragen dazu. Weil das nicht alle sind und jeder andere Antworten dazu haben kann, werden wir später gemeinsam über das reden, was bei dieser Befragung herausgekommen ist.

126

Fragen		Bitte kreuze an:		
1.	Traust du dich, einfach so zum Lehrer / zur Lehrerin hinzugehen – vor der Schule, in der Pause oder zwischen den Stunden – und mit ihm / ihr zu reden?	nie	manchmal	immer
2.	Hast du Angst davor, im Unterricht aufgerufen zu werden?	oft	manchmal	nie
3.	Bist du aufgeregt, wenn du vor der Klasse etwas sagst?	nie	manchmal	immer
4.	Hast du Angst vor dem Lehrer / vor der Lehrerin?	nie	manchmal	immer
5.	Traust du dich, es dem Lehrer / der Lehrerin zu sagen, wenn du meinst, er / sie habe sich nicht richtig verhalten?	ja	nein	
6.	Hast du Angst, von Mitschülern ausgelacht zu werden, wenn du etwas Falsches sagst?	ja	nein	
7.	Traust du dich, dich immer gleich zu Wort zu melden, wenn dir etwas einfällt?	immer	manchmal	nie
8.	Wenn du in der Schule Angst hast: Kannst du das mit deinen Eltern besprechen?	ja	nein	
9.	Hast du Angst, von Lehrern ausgelacht zu werden, wenn du etwas falsch machst?	ja	nein	

10.	Glaubst du, dass es dem Lehrer / der Lehrerin Recht ist, wenn du deine Meinung offen sagst?	ja	nein	
11.	Kannst du dem Lehrer / der Lehrerin sagen, wenn du Angst hast?	ja	nein	
12.	Kannst du es dem Lehrer / der Lehrerin sagen, wenn dir der Unterricht nicht gefällt?	ja	nein	
	Verwende bitte die Rückseite, wenn du noch etwas dazuschreiben möchtest.			

Der Effekt war in mehrfacher Hinsicht verblüffend: Ich konnte Einsichten darüber gewinnen, wo ich selber Ängste in der Klasse auslöste. Die Schüler erfuhren nicht nur Akzeptanz und Interesse an ihrer persönlichen Sichtweise, sondern konnten in den Klassengesprächen außerdem erkennen, dass sie mit ihren Ängsten nicht alleinstanden. Zudem wurde ihnen bewusst, dass sie nicht nur an Ängsten litten (z. B. davor, ausgelacht zu werden), sondern sie gleichzeitig selber bei anderen mit auslösten (etwa durch Auslachen). Und schließlich war die Resonanz auf diese Aktion bei den Eltern äußerst positiv, weil sie dankbar waren zu erfahren, dass das Wohlbefinden ihrer Kinder ernstgenommen wurde. Alles zusammen bewirkte eine Klimaverbesserung in der Klasse, die das Unterrichten erleichterte und die Anstrengungsbereitschaft der Schüler förderte.

Die **Hausaufgaben** werden eher erledigt, wenn

➤ die Aufgabenstellung klar und verständlich ist – alle Schüler wissen vor dem Stundenende genau, was sie zu Hause zu tun haben.

➤ die Schüler die Gewissheit haben, dass sie die Aufgaben schaffen können.

➤ die Ergebnisse so zeitnah wie möglich kontrolliert und auch inhaltlich besprochen werden.

➤ auch nach dem methodischen Vorgehen gefragt wird („Wie seid ihr vorgegangen?" – „Welche Schwierigkeiten sind aufgetreten?" – „Welche Überlegungen habt ihr angestellt?") – so reflektieren Schüler ihren Lernprozess und gewinnen Methodenkompetenz.

Unterrichtsbeteiligung und Mitarbeit können Sie stärken, indem Sie die Schüler über einige Wochen hinweg regelmäßig am Stundenende folgende vier Items ankreuzen lassen:

a.) Ich habe in dieser Stunde

    ☐ alles

    ☐ das meiste

    ☐ nur wenig

verstanden.

b.) Ich bin mit meiner Unterrichtsbeteiligung

    ☐ sehr

    ☐ etwas

    ☐ gar nicht

zufrieden.

c.) Ich fühle mich jetzt

☐ sehr

☐ etwas

☐ gar nicht

wohl.

d.) Wenn ich an die Hausaufgaben denke, so habe ich ein

☐ gutes

☐ weniger gutes

☐ schlechtes

Gefühl.

Für den Erfolg dieser Aktion sind die Gespräche darüber ausschlaggebend. Die Schüler erkennen durch den Austausch untereinander und mit Ihnen, dass sie umso mehr vom Unterricht verstehen, je mehr sie sich daran beteiligen, und dass sie sich in der Folge wohler fühlen. Außerdem wächst die Zuversicht bezüglich der Bewältigung von Hausaufgaben. Daraus ergeben sich wiederum Erfolgserlebnisse, die die Anstrengungsbereitschaft weiter verstärken. Der Zusammenhang zwischen Anstrengung und Erfolg wird Ihren Schülern zunehmend bewusst.

Während Unterrichtsbeteiligung auch stille, innere Beteiligung sein kann, ist mündliche Mitarbeit immer nach außen hin sichtbar. Oft wird sie unreflektiert für ein Maß des Interesses der Schüler am Unterricht oder ihrer Motivation gehalten. Doch Misserfolgsängstlichkeit einerseits und die Angst vor dem Strebervorwurf andererseits beeinträchtigen sie. Das Steigern der mündlichen Mitarbeit bewirkt allerdings eine Motivationssteigerung. Dazu dient dieser Selbstbeobachtungsbogen:

Datum	Stunde	Fach	I = gemeldet / X = drangekommen	Wie viel habe ich vom Unterricht verstanden?				Bemerkungen
				alles	viel	wenig	nichts	

Abb. 7.1: Selbstbeobachtungsbogen für die Mitarbeit im Unterricht

Den Selbstbeobachtungsbogen erhalten entweder einzelne Schüler, die Ermutigung brauchen, oder Sie verteilen ihn an alle. Die Vorgehensweise ist immer die gleiche:

➤ Der Bogen wird nur in Stunden eingesetzt, die viel Gelegenheit zu mündlicher Mitarbeit bieten.

➤ In die ersten drei Spalten kommen das aktuelle Datum, die aktuelle Stunde (1., 2. oder 3. ...) sowie das Fachkürzel.

➤ In der folgenden Spalte markieren die Schüler jeweils ein „I", wenn sie sich melden, ein Kreuz, wenn sie drangenommen werden.

➤ Beim Stundenende schätzen sie durch Ankreuzen in einer der mittleren vier Spalten ein, wie viel sie in dieser Stunde verstanden haben.

➤ Unter „Bemerkungen" können beispielsweise Gründe dafür stehen, warum sie sich wenig bzw. häufig meldeten: „Starke Kopfschmerzen" – „Zu laut in der Klasse" – „Hat Spaß gemacht".

Der Sinn des Selbstbeobachtungsbogens liegt darin, über die Mitarbeit als einen der Indikatoren für Anstrengung die Erfahrung zu vermitteln: Wenn ich mich anstrenge, dann schaffe ich das, was ich schaffen will. Damit wird der Kerngedanke der Leistungsmotivation gefestigt.

7.5. Zehn gute Vorsätze

Alle Lehrer wollen die Leistungsmotivation ihrer Schüler fördern. Die folgenden zehn guten Vorsätze können Sie gerne kopieren, mit Kollegen diskutieren und als „Lehrer-Federmäppchen-Tipps" nutzen.

1. Ich will meine Schüler loben, so oft es sinnvoll möglich ist! Ich will sie beim Richtigen erwischen und ihre Fehler als Chancen für das Weiterlernen nutzen!

2. Muss ich eine Schülerleistung kritisieren, will ich es sachlich tun und stets benennen, welche Handlung zu einer Verbesserung führen könnte.

3. Leistungsbewertungen will ich nicht nur im Vergleich mit der Gruppe vornehmen (wie bei Noten), sondern immer auch die **individuelle** Leistungsentwicklung aufzeigen: „Jetzt hast du richtig gemacht, was du vorher noch nicht konntest."

4. Leistungsbewertungen gestalte ich transparent und nachvollziehbar. Die Kriterien gebe ich vorher bekannt. Ich will darüber hinaus eine feste Zuordnungstabelle einführen, die immer gilt: Bei bestimmten Prozentquoten richtiger Lösungen bzw. möglicher Punkte gibt es eine bestimmte Note.

5. Schüler sollen immer die Möglichkeit haben, auch auf andere Weise bewertbare Leistung zu zeigen: mit Portfolios, Referaten, Vorführungen, Hausarbeiten, Computerrecherchen usw.

6. Weil es einen engen Zusammenhang zwischen dem Wohlbefinden der Schüler und ihren Leistungen gibt, will ich das Klassenklima positiv gestalten. Soziales Lernen und außerunterrichtliche Aktivitäten tragen ebenso dazu bei wie Humor.

7. Ich will es nicht einfach hinnehmen, wenn ein Schüler entmutigt oder gar lustlos erscheint. Auch wenn ich kein Therapeut sein kann, möchte ich in persönlichen Gesprächen

versuchen, Misserfolgsängstlichkeit ab- und Erfolgszuversicht aufzubauen.

8. Ich will dafür sorgen, dass die Klasse stets über die lang-, mittel- und kurzfristigen Ziele des Unterrichts informiert ist. Dazu gehört, dass ich bei Stundenbeginn mitteile, was für heute an Stoff und Arbeitsformen vorgesehen ist.

9. Ich möchte versuchen, meinen Unterricht so konkret, anschaulich und interessant wie möglich zu gestalten. Ich weiß: Je offener mein Unterrichtskonzept, je mehr Eigenaktivität möglich ist und je vielfältiger die lernmethodischen Möglichkeiten für die Schüler sind, desto motivierter werden sie arbeiten.

10. Ich weiß, dass meine eigene Motivation Vorbildfunktion für die Schüler hat. Darum will ich mich um Pünktlichkeit, die Einhaltung meiner Versprechen, sorgfältige Unterrichtsvorbereitung sowie Gesprächsbereitschaft bemühen.

ELTERN UND LEHRER ALS PARTNER

Es gibt für Sie als Lehrer zahlreiche Möglichkeiten, die Motivation Ihrer Schüler positiv zu beeinflussen.

☞ Vorbild:
Ihr Verhalten ist wirksamer als Ihre Worte. Besonders wichtig sind Ihre Gesprächsbereitschaft, Kritikfähigkeit und Verlässlichkeit.

☞ Rituale:
Wenig motivierte und „chaotische" Klassen profitieren von ritualisierten Verhaltenssignalen (Leisezeichen u.a.), Arbeitsweisen und Stundenverläufen.
Das schafft Orientierung und Vorhersehbarkeit im komplexen Schulalltag.

☞ Ermutigendes Bewerten:
Ein fehlerfreundlicher Unterricht und transparente Beurteilungskriterien stärken das Selbstwertgefühl und die realistische Selbsteinschätzung Ihrer Schüler.

☞ Klassen- und Schulklima:
Das Wohlbefinden der Schüler an ihrem Arbeitsplatz Schule beeinflusst in hohem Maße ihre Anstrengungsbereitschaft. Aktive Beteiligung am Schulleben und gemeinsames Reflektieren des Unterrichtsalltags sind Mittel dazu.

Lebenslanges Lernen

Also lautet der Beschluss,
dass der Mensch
was lernen muss.
Lernen kann man,
Gott sei Dank,
aber auch sein Leben lang!

(Wilhelm Busch)

8. Motivation und Zeitgeist

"Der Knabe lernt daheim mit Fleiß,
bis ganz genau er alles weiß.
Und dann er gern zur Schule geht
und betet fromm das Schulgebet.

Und in der Schule gibt er acht,
dass er dem Lehrer Freude macht,
schreibt seine Aufgab' mäuschenstill,
wie es die Ordnung haben will."

(Fundsache aus einem Erstklässler-Lesebuch um 1930,
zitiert nach Jürg Rüedi: www.disziplin.ch)

Hand aufs Herz: Manchmal wünschen sich Lehrer wie Eltern, dass es wieder so sein möge wie „früher", als Erwachsene noch Respektspersonen waren. Das höre ich immer wieder einmal in Diskussionen nach meinen Vorträgen. Trotzdem ist auch diesen Zeitgenossen klar: Mit Leistungsmotivation hat die Aussage im obigen Gedicht nichts zu tun, sondern nur mit Gehorsam und Unterordnung.

Preußische Disziplin taugt nicht für eine demokratische Gesellschaft, die sich ständig entwickelt. Entwicklung ist immer mit Veränderung verbunden. Die Dinosaurier sind vermutlich ausgestorben, weil sie sich dem Wandel nicht anpassen konnten. Den Wertewandel müssen wir also nicht beklagen, er ist die Voraussetzung für gesellschaftlichen Fortschritt. Wir sollten die Chance nutzen, diesen Wandel mitzugestalten. Trotzdem müssen wir uns fragen, welche Auswirkungen die aktuellen gesellschaftlichen Entwicklungen auf das Leistungsmotiv haben.

8.1. Wettbewerb und Konkurrenz in der Leistungsgesellschaft

Die Mehrheit der Jugend tut alles dafür, ihre Chancen zu nutzen (vgl. SHELL JUGENDSTUDIE 2015). Junge Leute zwischen 12 und 25 Jahren blicken seit 2002 immer optimistischer in die Zukunft, mittlerweile zu 61 Prozent. Und seit 2006 hat der „Macher"-Typus Aufwind: Fleiß, Ehrgeiz, Fantasie und Kreativität stehen in seiner Werteskala ganz vorne. Gleichzeitig ist der Wunsch, Benachteiligten zu helfen, bei dieser Gruppe noch ausgeprägter als bei den „Idealisten". Allerdings zeigt der Trend bei Jugendlichen aus den unteren beiden von fünf sozialen Schichten in eine andere Richtung: Ihr Blick in die eigene Zukunft fällt weniger optimistisch aus als zuvor.

Wenn auch der Wettbewerb auf dem Ausbildungs- und Arbeitsmarkt nachgelassen hat und immer mehr Betriebe Nachwuchs suchen, bleiben Jugendliche aus den unteren Schichten benachteiligt. Das zeigt sich in der Arbeitsmarktstatistik und am Betrieb in den Job-Centern. Dennoch ist Arbeitslosigkeit nicht mehr das Hauptproblem der jungen Generation; diese Rolle hat die Angst vor Krieg und Terrorismus eingenommen. Die jungen Leute spüren inzwischen mehr Chancen als Risiken für ihre persönliche Zukunft und sind darüber hinaus sehr tolerant: Ihre Angst vor Ausländerfeindlichkeit ist größer als die vor Zuwanderung.

Allerdings treffen diese Aussagen nicht auf alle zu. Vor allem die unter 14-Jährigen sehen eher die Schule und Konflikte mit Eltern und Lehrkräften als ihre Hauptprobleme an. Umso wichtiger sind die Konfliktfähigkeit und soziale Kompetenz von uns Erwachsenen. Kinder und Jugendliche, die für sich keine Zukunftschancen sehen, brauchen Eltern und Lehrkräfte, die ihnen Begleitung und Perspektiven bieten.

Dass sich die Schere zwischen Menschen in sicheren und unsicheren wirtschaftlichen Verhältnissen immer weiter öffnet, ist älteren Jugendlichen und jungen Erwachsenen weitgehend bewusst. Die jüngeren, um die es in diesem Buch geht, verhalten sich dagegen eher emotional und manchmal irrational. Wenn sie null Bock zeigen, steckt darin auch ein gutes Stück Unsicherheit angesichts der gesellschaftlichen Situation.

8.2. Zu viel Hilfe hilft nicht

Eine offenbar wachsende Minderheit von Eltern ist bereit, alles für eine erfolgreiche Zukunft ihrer Kinder zu tun. Das fängt damit an, dass Kindern der Schulranzen manchmal bis ins Klassenzimmer getragen wird, und endet damit, dass bei Konflikten unsachliche Leserbriefe oder Kommentare in Internetforen geschrieben werden, manchmal sogar Eltern ins Klassenzimmer kommen und Lehrkräfte lautstark zur Rede stellen. Immer häufiger wechseln Kinder bei Konflikten die Schule, anstatt sich ihnen zu stellen. Das ist in der Regel die schlechteste Lösung, denn: Probleme stellen eine Herausforderung dar, an der ich wachsen kann – wenn Mama oder Papa mich nicht daran hindern. Die fatalen Folgen werden mit einer Motivationsweisheit aus Managerseminaren auf den Punkt gebracht:

> „Lass dir aus dem Wasser helfen,
> du wirst sonst ertrinken",
> sagte der freundliche Affe
> und setzte den Fisch auf einen Baum ...

Die Hilfsbereitschaft von Eltern beim Transport des Ranzens auf dem Schulweg schadet. Kinder sollten ihn selbst auf dem Rücken tragen, denn auch schwere Ranzen überlasten nicht, sondern stärken die Rumpfmuskulatur. „Aber heute ist es modern, dem Kind jedweden Schutz angedeihen zu lassen, anstatt es auch mal zu belasten und seine Kräfte messen zu lassen", heißt es dazu auf www.kidcheck.de/ergebn_f14.htm. Kid-Check ist eine Aktion, bei der Wissenschaftler und Ärzte unter der Regie der Orthopädischen Uniklinik des Saarlandes die Fitness von Kindern untersuchen.

Die schwächende Hilfsbereitschaft von Eltern entspricht jener Haltung, die die Werbung pflegt. Sie suggeriert uns, dass jedes Problem mit dem richtigen Produkt im Handumdrehen zu lösen sei. DSDS und andere Castingshows nähren die Illusion, dass auch ich wie mein Idol zum Star werden kann. Die von der Werbung angepriesenen Produkte wie die von den Medien vermarkteten Stars zeigen Ergebnisse, aber nicht die Prozesse dahinter. Kinder brauchen die Erfahrung, dass erst ein (manchmal steiniger) Weg zum Ziel führt. Sorgfalt ist wichtiger als Tempo; Fehler führen zu Problemen, die gelöst werden wollen. Mit solchen Erfahrungen können Beharrlichkeit und Ausdauer wachsen, die entscheidender für jede Art von Erfolg sind als pures Talent.

140

8.3. „Ich hab doch alles"

Bei einem Eltern-Workshop zum Thema „Motivationsförderung für Schulkinder" erzählte eine Teilnehmerin von ihrer neunjährigen Nichte. Auf die Frage, was sie sich denn zum Geburtstag wünsche, antwortete die kleine Anke: „Ach, was soll ich mir wünschen, ich hab doch alles."

Manchen Kindern geht es richtig gut. Sie leben in gesicherten materiellen Verhältnissen und werden häufig reich beschenkt. Anke gehört zu dieser Gruppe. Aber ihrer Tante fiel auf, dass das Kind dabei gar nicht glücklich oder zufrieden wirkte, sondern ratlos. Da sie bereits alles besitzt, was Kinderherzen begehren, scheint sie wunschlos unglücklich zu sein.

Wer keinen Wunsch hat, hat kein Ziel. Wünsche sind die Vorboten neuer Fähigkeiten: ein Grundgedanke von Motivation. Wer etwas erreichen will, ob an Besitz oder an Fähigkeiten, kann davon träumen und sich dafür engagieren. Strebsam wird, wer etwas anzustreben hat. Das Gefühl, alles zu haben, erstickt hingegen Wünsche, Träume, Interessen und Aktivität, es lähmt Initiative und Kreativität, die Lebensfreude und Lebendigkeit. Es verhindert nebenbei auch die Entwicklung von Geduld, Ausdauer und Frustrationstoleranz.

Ankes Tante hatte diese Zusammenhänge erkannt und dem Mädchen daraufhin die Teilnahme an einer Kinderführung im Kunstmuseum mit Workshop zum Nachgestalten angeschauter Bilder geschenkt. Es war ein voller Erfolg!

Unser Wohlstand ist, trotz gelegentlicher Wirtschaftskrisen, unglaublich hoch. Konsum stellt einen eigenen Wert dar. Schon für Kinder sind Statusobjekte wichtig: Handy, iPod, Playstation.

Und dafür müssen sie sich oft nicht einmal besonders anstrengen. Gleichzeitig wird über fehlende emotionale Nähe geklagt; viele Kinder erwerben sich die Anerkennung ihrer Mitschüler durch Besitz statt durch soziales Verhalten und nützliche Fähigkeiten. Besitz ist jedoch nur eine Ersatzbefriedigung für wirkliche Bedürfnisse wie Zuwendung, Zuversicht und Sinn. Nicht das Haben macht uns Menschen glücklich, sondern das miteinander Sein.

8.4. Positive Trends setzen

„Mehr Bock" ist nicht nur eine Frage von Elternhaus und Schule, sondern eine, die die ganze Gesellschaft betrifft. Unsere Höher-schneller-weiter-Ideologie stößt an Grenzen. Die Idee des permanenten wirtschaftlichen Wachstums als Grundlage einer friedlichen und sozialen Wohlstandsgesellschaft ist weder krisensicher, noch hat sie sich bewährt. Insofern sind auch jene Trends langfristig zum Scheitern verurteilt, die innerhalb des Schulsystems auf Wettbewerb, Steigerung der an Regelstandards gemessenen Leistungen und Verkürzung von Ausbildungszeiten setzen.

„Mehr Bock" heißt aber auch mehr Eigenverantwortung des Einzelnen im Zusammenleben mit anderen. Kinder und Jugendliche erleben ihre Vorbilder in Familie, Schule und Gesellschaft. „Wir brauchen unsere Kinder nicht zu erziehen, sie machen uns eh' alles nach" – in dieser Elternerfahrung steckt viel motivationspsychologische Lebensweisheit.

Wir Erwachsenen sind also gefragt, wenn es um die Stärkung der Motivation von Schülern geht. Wir müssen ihnen – über unser Vorbild hinaus – Spielräume für die Übernahme von Verantwortung eröffnen, wie das all jene Schulen erfolgreich tun, in denen es sowohl weitreichende Mitwirkungsmöglichkeiten als auch Gelegenheit zum sozialen Engagement gibt. So erfahren Kinder und Jugendliche sowohl Selbst- als auch Sozialwirksamkeit.

Wir müssen nicht nur Schulen animieren, ihr pädagogisches Profil motivationsfreundlich zu schärfen, sondern vor allem unser Schulsystem entsprechend umgestalten. Schule muss Ort der Ermutigung sein und nicht der Demütigung: Täglich werden etwa fünf bis zehn Millionen Noten verteilt – wie viele Fünfer und Sechser sind darunter? Gut, dass es Verbände wie die „Aktion Humane Schule" (www.aktion-humane-schule.de) gibt.

Wir müssen Kindern Zeit für ihre Entwicklung lassen; der Mensch ist nicht ohne Schädigung unbegrenzt beschleunigungsfähig. Gut, dass es Initiativen wie die „Gesellschaft für Zeitkultur" (www.zeitkultur.com) gibt.

Wir müssen Kinder in inklusiven Schulen erfahren lassen, dass jeder Mensch seinen Wert und ein persönliches Entwicklungspotenzial hat. Unsere Welt wird nur dann lebens- und liebenswert bleiben, wenn wir alle Kinder mitnehmen, unabhängig von Herkunft oder Handicap. Gut, dass es die Bundesarbeitsgemeinschaft „Gemeinsam leben – gemeinsam lernen e.V." (www. gemeinsamleben-gemeinsamlernen.de), die „Initiative Länger gemeinsam lernen" (www.laenger-gemeinsam-lernden.de) und viele andere Zusammenschlüsse gibt.

Wir Erwachsenen müssen uns anstrengen, wenn wir die Anstrengungsbereitschaft unserer Kinder und Jugendlichen stärken wollen. Das ist mühsam und oft ein Schwimmen gegen den

Strom des Zeitgeistes. Aber bitte bedenken Sie: Nur tote Fische können nie gegen den Strom schwimmen, lebendige hingegen haben die Wahl. Kinder und Jugendliche mit Motivationsproblemen brauchen kraftvolle und lebendige Erwachsene. Deshalb sorgen Sie bitte auch für sich selbst und tun Sie sich etwas Gutes – z. B. mit folgendem Gutschein:

GUTSCHEIN

für den Empfang einer Ehrung:

Du sollst dich selbst
als Mutter oder Vater ehren,
denn du willst stets das Gute
und tust das dir Bestmögliche
für dein Kind!

(Dieser Gutschein wird nach jeder Einlösung wieder neu gültig!)

LITERATURANGABEN

➤ Demmer, Marianne: Arbeiterkinder müssen Superschüler sein ..., in: Erziehung und Wissenschaft. Zeitschrift der Bildungsgewerkschaft GEW, H. 1/2009, S. 18 f.

➤ Fröhlich, Werner D.; Drever, James: dtv-Wörterbuch zur Psychologie, 14. Aufl., München (dtv 3031) 1983

➤ Goleman, Daniel: EQ. Emotionale Intelligenz, München (dtv) 1997

➤ Gordon, Thomas: Familienkonferenz. Die Lösung von Konflikten zwischen Eltern und Kind, München (Heyne) 2008

➤ Hennig, Claudius; Keller, Gustav: Lehrer lösen Schulprobleme, Donauwörth (Auer) 1993 (3., überarb. Neuaufl. 2000)

➤ Hüther, Gerald: Hirngerecht und mit Lust lernen. Gelingende Bildungsprozesse in der Grundschule aus neurobiologischer Sicht, in: Grundschule, 41. Jg., H. 1/2009, S. 16 f.

➤ Ingenkamp, Karlheinz: Die Fragwürdigkeit der Zensurengebung, 9. Aufl., Weinheim (Beltz) 1995

➤ Jegge, Jürg: Dummheit ist lernbar. Erfahrungen mit „Schulversagern", Reinbek (rororo) 1983

➤ Klein, Jochen; Träbert, Detlef: Wenn es mit dem Lernen nicht klappt. Schluss mit Schulproblemen und Familienstress, Weinheim (Beltz) 2009

➤ Lipowsky, Frank: Dauerbrenner Hausaufgaben. Befunde der Forschung und Konsequenzen für den Unterricht, in: PÄDAGOGIK, 56. Jg., H. 12/2004, S. 40–44

> Montessori, Maria: Kinder sind anders, Frankfurt/M. (Ullstein-TB) 1980

> Recheis, Käthe; Bydlinski, Georg: Freundschaft mit der Erde. Der indianische Weg, München (Orbis Verlag) 1995

> Schaub, Horst; Zenke, Karl G.: Wörterbuch zur Pädagogik, München (dtv) 1995 (Neuausgabe 2005 unter dem Titel „dtv-Wörterbuch Pädagogik", stark erw. u. akt. Neuausg. 2007)

> Shell Jugendstudie (2015): Jugend 2015. 17. Shell Jugendstudie, Frankfurt a. M. (Fischer-TB) 2015

> Träbert, Detlef: Richtig schreiben lernen. Die Schritt-für-Schritt-Selbsthilfemethode, Reinbek (rororo) 2004 (vergriffen; Neuauflage in Vorbereitung)

Weitere Veröffentlichungen von Detlef Träbert:

> Das 1x1 des Schulerfolgs. Alles, was Eltern wissen müssen, Weinheim (Beltz) 2016

> Kleine Schubse – große Wirkung. 99 Tipps für den Erziehungsalltag, 3., akt. Aufl., Dreieich (MEDU Verlag) 2015

> Disziplin, Respekt und gute Noten. Erfolgreiche Schüler brauchen klare Erwachsene, Weinheim (Beltz) 2012

ÜBER DEN AUTOR

Detlef Träbert gründete nach 18 Jahren im Schuldienst 1996 den Schul-Beratungs-Service „Schubs". Der Name ist Programm: Er gibt Schubse, stößt an, initiiert Entwicklung und Hilfe zur Selbsthilfe, vor allem mit Vorträgen und Workshops für Eltern. Er besucht Schulen und Kindergärten in ganz Deutschland, um über Erziehen und Lernen, Motivation, Konzentration und AD(H)S, Hausaufgaben, Rechtschreib-Training, (Selbst-) Disziplin oder Strukturen zu informieren und ins Gespräch zu kommen. Daneben schreibt er Artikel für Zeitungen und Zeitschriften, u. a. verfasst er die monatliche Kolumne „Ratgeber Schule" in familie&co.

Internet: www.schubs.info
E-Mail: traebert@schubs.info